艾莉絲 × 梨梨醬

的法國教養日記

艾莉絲————著

我心目中的那位追夢人

藝人 黃小柔

　　艾莉絲是我這輩子看過最勇敢追求夢想與用力享受生活的女人，從我認識她十幾年來一路陪伴，總是在身旁看著她精采的人生，整個起承轉合不輸一部好看的電影啊！

　　因為她是個徹徹底底的冒險家，只要有一個幸福快樂的可能，總是會不怕辛苦竭盡所能地去實現它～常常我也很羨慕欣賞她的勇氣，總是在開創屬於自己的一切。以為她會在結完婚生完小孩後就會比較不再冒險，但！如果是這樣的話，那就不是她了～

　　在知道她要去巴黎闖一闖的時候，我整個跟以往一樣（每次在她公佈她的冒險計畫的同一驚嚇表情），我就像老媽子在旁邊擔心她人生是不是太前衛、走太前面，會讓她想再一次地去經歷不同的感受，尤其是……像我這樣個性只想乖乖地待在自己舒適圈裡安穩地過日子的人，對於要離開習慣的生活根本就是不可能。所以每次聽到她的決定，總是擔憂先支持後～但！畢竟身為閨蜜還是要給她強大的信心與祝福，因為只要是她決定的，基本上七七八八改變不了啦！就隨她去吧～誰教她是艾莉絲呢（攤手～～～～）

　　在她去完第一次巴黎生活回國後，我開始慢慢地發現她的改變，就像一本書～她的人生又進到了一篇不同的章節，唯一不同

的是這次有著她女兒梨梨醬陪伴著她，去體驗這個世界！

這是多麼難能可貴的經驗，對於她們母女都是～要把孩兒帶在身邊，去到異地生活，光是文化、食物和時間就大不同，那是要有多大的勇氣才可以做得到？我只要想到要帶小孩坐十幾個小時的飛機，頭皮就發麻了～這種事只有艾莉絲做得到，重點是她還非常地享受這樣的親密時光！

每次看她回來臺灣都可以在她身上感受到的是無比新鮮的生活體會，當然之中充滿著不同的喜怒哀樂。聽著她分享每個在巴黎的故事，既精采又難忘！因為這是用她的人生去記錄下來的點點滴滴，不管是新的生活、新的觀念，都令人耳目一新～很感動她把她人生的閱歷寫成了這本書，可以看看她們母女到了新的環境怎麼互動、離開了舒適圈怎麼生活，更可以檢視一下自己與小孩的關係，親子間也可以很浪漫地累積深厚的感情，更彼此了解、更相愛喔！

誰說當了媽媽就不能享受自己的生活！誠摯推薦給每個爸媽！

勇敢冒險的母女

藝人　愛紗

　　我來到臺灣沒多久就認識了艾莉絲，那時候的我完全不懂國語又沒有朋友，其實每天都很想家很想哭，所以真的很開心又興奮她願意跟我當朋友，她讓我看見在臺北生活的光，帶我認識臺北生活。

　　她非常愛旅行，喜歡接觸不同地方的文化。原先住東京，現在飛去法國。我深深體會到在國外生活並不是一件很容易的事，剛開始需要奮鬥，需要了解新的環境，所以我真的很佩服艾莉絲，她真的做到了，還帶著可愛的梨梨醬一起，這是多麼棒的事情。

　　當初艾莉絲跟我說她要帶梨梨醬去法國旅行，我第一個反應是安全嗎？會不會不方便？太瘋狂了吧！但同時另一個感受是：這就是艾莉絲！她是一個最勇敢、就像海綿一樣吸收能力很強，走在最前端的女生，而且重點是她知道應該帶著孩子，讓孩子看看世界，這一點我就覺得真的很酷！小朋友學習能力真的很強，梨梨醬現在還會跟我用法文打招呼，真的很可愛也讓我很驚喜。她們在法國的冒險一定收穫很多，祝福妳們可愛的母女，愛妳們。

💬 美麗勇敢俏媽咪 ✦✦

iM行動教會主任牧師 **松慕強**

一個自信美麗的女人

　　艾莉絲是一個非常聰明有自信的女人,她絕對不是一個平凡的人,因為她總是在平凡中走出一條不凡的路。若有機會跟她談話,你會發現她絕對不是一個沒有內容的花瓶,而是有內涵的花瓶;並且不是一個易碎無用的花瓶,而是強大耐操,不容易輕易損毀的花瓶。她的話語充滿自信與獨到的觀點,她的勇氣甚至超過許多的男性,大膽卻又心細,她不會停留在自己的舒適圈享受安逸,反而願意跨出冒險的步伐探索未知。艾莉絲絕對是都會自信美麗女人的模範,當然,也絕對是許多異性心儀渴慕的理想對象。

多重身分的職業婦女

　　因為我很少看電視,所以其實對她在演藝生涯的表現沒有太多資訊,除此之外,我對她的另一個印象就是,她是一位母親,有一位非常可愛的女兒。因著教會的緣故跟她漸漸熟識,才驚覺這位美麗的母親真的很不簡單,她的生命經歷是很多人沒有經歷過也無法想像的。聰明的她不只是主持人,也拍過戲,甚至演過電影。如此忙碌的她,還是一間企業的負責人,而且整個企業的創辦到營運一開始都是她一手包辦。有次我跟

太太去她家中聊天，無意間發現這個女孩兒還寫過小說。這真是讓我跌破眼鏡，因為稍微了解演藝事業的生態或經營過企業的人都知道，基本上這麼忙碌的生活，很少人會想要寫小說的，因為小說寫作需要不斷地專注還必須有強大的持續力，更重要的是，寫小說需要有天馬行空的創造力以及縝密的邏輯能力，而她卻可以在時間忙碌又零碎的狀況下完成一本小說的寫作，其實讓我非常的驚訝也敬佩。

三頭六臂的母親

身為一個職業婦女已經夠辛苦了，同時間她還是一位母親。成為母親之後，忙碌不會減少反而是增多的，我實在很難想像那段辛苦的日子，她是如何熬過的？要趕通告又要接送小孩，接送完還要安排這、安排那，我每次想到她一日的行程，我心中就彷彿看到她三頭六臂的形象努力地把事情一一達成。那段時間接到她的電話，聽到她的聲音都可以感受到她心中的無力與辛苦，而我跟太太也只能透過陪伴給予她一些支持。我要說，她絕對是一個盡職的好媽媽，為著女兒放棄很多的機會，放棄出遊的機會，放棄自己的享受，只為了可以專心地陪伴女兒。我知道有些機會真的很難得，可以賺很多錢，但是因著愛女兒，這位三頭六臂的媽媽都願意放棄。

現代版的愛麗絲夢遊仙境

　　又過了一陣子，有機會與她相聚用餐，她突然跟我和太太說，她有個機會去法國。我們當然很開心她可以有這樣的機會，所以就為她祝福禱告，求上帝可以保守她跟女兒去法國一路都平安。就這樣她帶著女兒飛到法國，這麼一去，接下來的事就一發不可收拾了，她不只是去了一趟法國，還談成一個代理的生意，原本就經營事業的她，在原本的事業基礎上又更上一層樓。就這樣她從原本去法國「走走」，演變成搬去法國「發展」，我們在旁就如同看「艾莉絲夢遊仙境」一般，看她一步一步地在生命的旅程上探險，一點一點地突破層層的困難與關卡。雖然每次都為她提心吊膽，但又知道她一定可以找到全新又奇妙的出路。我們也知道如此的艾莉絲是真正快樂的，雖然我們希望她可以常常跟我們相聚，但是知道她正在她人生的仙境探險，我們就只能期待她每一次探險回來之後，跟我們分享她在旅程中所看見、所經歷的事，更願意她在探險中更認識自己，認識生命的奇妙與美好。也因著這些奇妙的旅程，這本書就此誕生了。

一段旅程帶出的生命啟發

　　艾莉絲的這本新書是她與女兒的旅遊書，書中記錄了很多她與女兒在法國生活中互動的片段，透過這些片段也分享了親子之間互動的重要原則以及她的觀點。若妳也是母親，我相信妳一定會很有感受，也會有很多收穫。但是，若妳不是母親，如果妳讀

了這本書，我相信也會被提醒，在人生旅途中是否可以更多地與我們所愛的人，一起享受生活、分享生命的美好。當你閱讀這本書時，也許會被書中的文字提醒，你是不是被一些無謂的框架所捆綁了？生命中是不是忽略了太多細微卻可以讓我們深深感動的時刻？生活是不是慢慢成為一個不斷重複的無聊影片？你的心是不是慢慢失去了對生命意義探索的熱情？你是不是……？

書中有一段話我很喜歡：「我期許自己是一個盡責的母親，同時也是一個充滿自信與快樂的女人。這兩個角色，成為我往後人生裡永遠的頭銜。如何在母親與女人的角色之間找到適度的平衡，對於一個初為人母的人來說並不容易，卻是一件遲早遲晚都不得不學習的事。」

其實我們每個人都擁有許多頭銜，並且有些頭銜是天生的，有些是後天產生的，有些可以放棄有些卻永遠不能除掉。就像我們每個人出生都有一些無法改變的事實，有些是缺點有些是優點，無論哪一種，它們都是我們生命與生活中真實的一部分，在這些既定事實之中，我們必須找到生命更美好的出路。我真希望你可以在艾莉絲的書中遇見一些感動與啟發，因著這本書產生勇氣與力量，就像她一樣勇敢又用力地面對每一天，你也可以開始勇敢地繼續這場奇妙的人生旅程，找到屬於你個人生命的美好出路。

最後祝福你，用力地呼吸，用力地想像，用力地感動，用力地分享，用力地生活。

🗨 超級勇敢的媽媽 ✦✦

藝人 **佩甄**

　　我跟艾莉絲因為主持《天才衝衝衝》節目，而成為好朋友。當時的她在我眼中就是個典型的文藝青年，非常追求精神生活，思想新潮又有行動力，是那種可以為了夢想放棄一切的女生。

　　凡事按部就班，追求穩定人生的我，相形之下就是一位傳統婦女，雖然我們是完全不同類型的女生，但我一直很欣賞她的勇氣和魄力，時常有讓人錯愕的驚人之舉，像是她在事業正要如日中天時，放下一切跑去國外學語言。

　　她告訴我：「我要去找自己！」結果，她不僅在日本找到自己，還找到另一半。當她要遠嫁日本成為人妻時，我真的嚇了一大跳！我總覺得她就是會一輩子享受戀愛的浪漫主義者，完全難以想像她會這麼快走入婚姻；而更讓我覺得不可思議的是，她竟然要當媽媽了！

　　向來愛好自由、獨立自主，拿起包包就可以去旅行的艾莉絲，實在太難讓人跟媽媽聯想在一起。

　　當我正好奇她會是一個怎樣的媽媽時，她開始問我找保姆、帶小孩之類的經驗，我發現，母愛的天性讓她整個變了一個人，變得跟許多媽媽一樣，整顆心都被小孩佔滿，做每件事都把孩子放在第一位，把自己放得比較後面，她已經不是那個嚷著

「找自己」的女孩，蛻變為一個凡事替孩子著想的女人。

那陣子，她變得很少出席姊妹們的聚會，我心想，似乎每個女人只要一旦當了媽媽，好像都變得很像，就連艾莉絲也不例外。

已經從尿布、奶瓶中解脫的我，完全可以理解，那正是所有新手媽媽最煎熬的時期，梨梨醬的爸爸又在日本，異地生活加上帶小孩，蠟燭好幾頭燒，她的辛苦可想而知。

我們的話題經常圍繞在小孩身上，我正感覺她已經完全加入了媽媽的陣營，忽然有一天，她告訴我要去巴黎，聽她講到計畫中的種種，神采奕奕的模樣，我發現，過去我所認識的那個艾莉絲又回來了！

這次她不只是要找自己，還要到法國去創業，這讓我非常敬佩！她永遠不安於現狀，永遠要突破自我，永遠能夠開發出具有不同潛力的艾莉絲。

在巴黎生活並不容易，那跟觀光客暢遊浪漫之都完全是兩回事。去年，我到巴黎跟她碰面，聽她講著在那裡創業的種種，當中有許多辛苦和壓力，真的很讓人心疼；但當她談起自己開發的產品時眼中散發的光芒，又會讓人立刻感受到她追求理想的熱情，真心替她感到高興。

朋友們當初聽到她要帶梨梨醬去巴黎時，都覺得她太有勇氣了，同樣身為媽媽的我卻可以理解她的堅持，把小孩帶在身邊雖然要分心照顧，但比起兩地相思，能和孩子在一起，不只更安

心，有時孩子的一顰一笑、一句童言童語的鼓勵，都會是無比溫暖的力量。

帶小孩出國其實沒那麼可怕，只是許多父母還沒出發前就預設種種限制，只要多幾次經驗，就會發現真的是自己過度擔心了。世界各地哪裡沒有小孩？到了國外缺什麼，當地一定買得到，真的不需要搞得神經緊張。小孩要的並不多，父母能夠陪在身邊解說，帶著孩子一邊看世界、一邊說故事比任何裝備都來得重要。

有機會在孩子小的時候，讓他們體驗不同的文化，是一件好事。艾莉絲在書中分享了很多法國教育方式和亞洲的差異。例如：法國小孩子很強悍，一點也不會禮讓，就算在公園和其他小孩發生摩擦，父母也會讓他們自己解決，這對無法袖手旁觀的亞洲父母來說簡直是離譜！我曾和她聊到這些差異，她傾向「入境隨俗」的教育方式，到了法國就要用法式手法來處理事情。

我覺得她的這本書，其實不只是一本親子書，也是一本媽媽的勵志書。看著這本她和梨梨醬的「旅法親子手札」（我也配合地來文藝腔一下），經常忍不住會驚呼一下，讚嘆她的勇氣，同時也超有共鳴！尤其講到法國女人的價值觀，完全顛覆亞洲社會對媽媽的要求和期待。如何在做一個好媽媽和追求自我之間找到完美的平衡點，正是艾莉絲要跟大家分享的。

我常說她是一個超級獨立、勇敢、追求自我的媽媽。她的字典裡沒有害怕，很有冒險精神，而且是帶著孩子一起去冒

險。她很享受冒險過程中的風景，不會因為當一個女強人就忽略了經營親子生活；更沒有因為家庭或是事業，就讓自己變成一個忘記愛自己的女人。她證明了自己是一個很強的女人，而不只是女強人。

我祝福艾莉絲，能得到她追求的夢想！梨梨醬能有這樣的媽媽是很大的福氣，讓她從小就學會獨立和勇敢，這是很好的榜樣，也是人生中最珍貴的禮物。

CONTENTS

帶著妳任性出走

　　每個擁有小孩的女人，都不得不承認一件事實。

　　就是當我們人生第一次注視著驗孕棒那兩條神奇的平行線時，當下內心除了難以言喻的喜悅與興奮之外，尚未意識到一件即將來臨的巨大改變。不是我們的身材會走樣、容貌會憔悴，這些藉由現今的醫學美容科技，就能夠讓我們得到超乎想像的幫助的事。

　　而是那個影響我們更大的事實──從此的生活將有很長一段日子，不再自由、不再隨心所欲、心無罣礙，不再是隨便一個理由，便足以說服我們拎著一只皮箱任性地說走就走，浪跡天涯看世界。

　　也許有人會認為這又沒什麼大不了的，但對我而言，簡直是大逆天性！

　　我熱中於扮演母親的職責，還記得在產房見到梨梨醬的瞬間，深深體會到何謂一見鍾情。隨著她的成長，愈發產生有如痴狂狀態的迷戀（就連她拉屎都覺得好香），強烈依賴著與她的親密關係（離開幾個鐘頭就開始焦躁）。我的裡裡外外、上上下下，彷彿脫胎換骨般似地，那些曾經讓我糾結在意的事物、牽一髮動全身的慾望，都遠遠比不上女兒的一個親親摟摟。

但另外一方面，我的內心卻無法抑制旅行出走的念頭。尤其午夜夢迴，被育兒和工作操累一整天之後，躺在床上翻來覆去，腦海裡全都是離家幾千里外的山光水色。這些念頭幾乎佔領了每個夜晚，綁架了睡意，在夢裡狂奔追逐著我。

曾經看過一本關於法國的育兒書，作者提及法國父母對於小孩的教養觀念。他們認為生了孩子之後，不應該是大人來配合小孩的生活，而應該是讓孩子來配合大人的習性。他們不會讓客廳裡充滿著小孩的玩具，當家中有客人來訪時，會讓孩子到房間裡遊戲。一來讓孩子知道自己歸屬的空間在哪裡，培養其獨立性；二來是讓孩子知道大人也需要自己的空間，學會尊重大人的生活。

這個觀念對我產生了很大的衝擊。孩子睡了之後，我獨自坐在客廳的沙發上，環視著四周，地板上散落

一地的辦家家酒積木，牆上貼著一二三數字和冰雪姊妹花的貼紙，起身時還不經意地踩到了幾本童書。就連難得的姊妹聚會，也是一同帶著孩子去親子餐廳用餐，假日行程多半是牧場、動物園、水族館走透透。

這樣的日子很簡單也快樂，滿足了我身為母親的天性，但我也不禁開始思考，曾幾何時我的生活，已逐漸一點一滴地被母親的角色攻陷，並幾近全盤地吞噬自己。是的，我不敢在家裡點香氛蠟燭、不再隨時大音量播放喜歡的音樂、不敢在她的面前開電視，甚至也不再旅行出走，所有行為的考量都以小孩為前提。

當然這一切毫無疑問地，是因為身分轉變之後自然轉變的生活形態，但我真正對自己提出的疑問是：「原來的那個我呢？我是否有偶爾滿足了她，適時地讓她呼吸或偶爾出沒？」

我期許自己是一個盡責的母親，同時也是一個充滿自信與快樂的女人。這兩個角色，成為我往後人生裡永遠的頭銜。如何在母親與女人的角色之間找到適度的平衡，對於一個初為人母的人來說並不容易，卻是一件遲早遲晚都不得不學習的事。

或許該是時候讓孩子學習如何配合大人多一點，我心想。

自從梨梨醬兩歲過後，自主能力越來越成熟（當然把屎把尿還是免不了），也慢慢能明白大人所說的話，生活作息和飲食也幾乎跟大人沒差多少。於是我開始計畫一趟長達一個月的遠程旅行，而且是就只有我們母女倆的旅行。

這個念頭聽起來有點瘋狂，也有點自虐（笑），但也是因

為過去累積了一點一滴的旅遊經驗才有此打算。梨梨醬打從三個月大時便經常坐火車、坐飛機，除了往返東京探望父親之外，沖繩、福岡、長崎、北海道……等，也都留下了她小小的足跡。來到這世上不到八百天，她的護照本已繽紛五色，親身體驗過的事物遠比書本裡來得許多，而且根據我的觀察，這個孩子藉由旅行當中所得到的成長，超乎原本的預期和想像！

　　孩子的適應力非常非常強，有時候反而是父母擔心的太多，生怕孩子出門會受罪，無法在家裡那般安逸舒適，又或者擔心旅程中的突發狀況太多，孩子不小心生病或受傷。然而這些擔憂都是沒有錯的，但並非沒有預防的措施，只要行前的準備功課作足、心理建設完整，旅行當中的各種過程，都是讓大人和孩子一起成長的絕佳機會。

　　還記得某天晚上，當時我跟梨梨醬剛結束了一段旅行不久，家中邀請了幾位好友聚餐敘舊。幾個姊妹湊在一起好不熱鬧，眾人圍著梨梨醬玩耍，她整個嗨到不行。然而晚上九點鐘一到，我便請朋友們稍等我一下，抱起梨梨醬和大家說聲晚安，關上房門將她送上床睡覺。前後花不到五分鐘，在場的每個朋友的下巴都拉得好長，紛紛表示：「妳不用陪她嗎？她以前不是都要妳陪睡嗎？她現在睡自己的房間嗎？她不會哭鬧嗎？」

　　一歲半以前，她睡覺總是要爸爸陪，而且從出生以來就和我們同房而睡。但因為旅行的過程當中，必須適應各種不同的環境，當然也需要睡在不同的床上，因此梨梨醬逐漸練就了走到哪

睡到哪的本領。推車上、汽車上、飛機上，甚至是媽媽的懷裡。久而久之，只要睡覺時間到了，放她到床上，她自動就閉上眼睛，不吵不鬧，沒有認床或要人陪睡的習慣。

對她而言，睡覺的地方不是只有一種固定的環境，而是時間到了就該休息。

另外在一次北海道的旅行當中，藉由刻意地規劃安排有兩間房的旅行公寓，讓她在陌生的環境下練習和父母分房而睡。如果是在家中練習分房，將她的嬰兒床移到新的房間，她肯定是整晚哭個不停，吵著要回她原本習慣的臥房，但反而因為是在陌生的環境裡，她認為所有的變化都是正常的。旅行結束後回到臺灣，她從此養成了獨自在自己房間裡睡覺的習慣。

聽說很多父母會認為，小孩年紀太小，帶出門旅行不但沒有留下任何記憶，甚至累壞了父母。但我

認為，儘管孩子無法記得旅行時的點滴，但在過程當中，卻能一點一滴啟發他們的各種感官，培養適應力，也變得勇於挑戰和更有自信，當然也更懂得如何去配合及協助父母，訓練孩子的獨立自主性。

　　當生命裡出現奇蹟的兩條線時，儘管會帶給我們人生極大的改變，但改變絕非是犧牲，其實也可以是一種分享和結合。

現在就出發

旅行不只是看風景，

而是不歇止地改變我們對於生活的想法，深刻又長久。

Travel is more than the seeing of sights;

it is a change that goes on, deep and permanent,

in the ideas of living.

——美國作家／米莉安・畢爾德 (Miriam Beard, 1901～1983)

　　其實打從一開始，我並不清楚帶著小孩一同去旅行，究竟會對她造成什麼樣的影響或改變，只是竭盡所能地周詳著，該怎麼辦才能使每一趟旅程不會變成一場又一場的災難。過多的行李、突如其來的嚎啕大哭、總是被打斷的行程。如何優秀的旅遊精英，最怕就是遇到難搞的旅伴，更別說她是一個無法跟你流暢溝通的對象。

　　還記得第一次帶梨梨醬搭飛機的前一晚，當時她才剛出生三個月大，對於經常在旅行的我來說，竟然因此緊張到無法入睡。反覆檢查有沒有漏掉的行李，腦海中排練著各種緊急突發的處理。她是嬰兒，一個讓人無法控制的生物，再加上旅行的本質便是充滿著各種不可控制。

　　一想到這，胃就開始翻騰絞痛。

過去十多年來在每段旅行當中所發生過的慘狀，菲律賓佬沃摔斷腿、巴黎上吐下瀉腸胃炎、極光之旅的高燒不退、義大利扒手、馬來西亞蕁麻疹休克、紐約布魯克林的搶匪……等，瞬間從記憶的抽屜櫃裡一一爬出，吞噬我已所剩無幾的信心。

　　儘管一不小心就會把自己搞得非常狼狽，但我仍無法停止渴望旅行的念頭。以前不行，更別說有了孩子之後。如果連這部分的自我都失去了，那麼我肯定會變成一位極不快樂的母親。偏偏我又是非常黏小孩的媽媽，無法為了浪跡天涯而把孩子留在家中，所以最好的方法就是，帶著孩子一起去旅行。

　　於是才三個月大的小嬰兒，從此展開一連串的旅人人生。從國內的大小旅行，到最近的鄰國日本，從最短的飛航距離開始練習。甚至在梨梨醬還不滿兩歲半的時候，母女倆還一同飛去了南法普羅旺斯自助旅行。

　　我承認旅遊是大人單方面主動的行為，小孩子則是處於被動的角色。某種角度來看，的確是為了滿足大人的慾望，但等到真的上路出發之後，才發現其實孩子在旅行中獲得的，往往比大人還來得更為豐收。而父母也因為帶著孩子一起旅行，發現很多父母非常傷腦筋的生活教養問題，比如不願意好好坐在餐桌上吃飯、無法獨立入睡或怕黑……等，竟然都是在旅行當中一一養成了獨立的性格。

　　有很多人說，三歲前的小孩沒有記憶，等他們能夠記得旅程的點滴時，再帶他們出去走走就好了。但我卻不太認同這樣的想

法，記不記得某一片風景、某一個古
蹟，從來都不是旅行真正的意義。而
是在不同的生活和文化當中，讓孩子
們培養出更寬闊的心，以及對世界更
遠大的好奇。

在我們決定要征服南法普羅旺斯
之前，我和梨梨兩人獨自從東京返回
臺北。

我們母女第一次在沒有任何人的
協助之下，獨自完成了三個半小時的
飛行。當時她才剛滿兩歲三個月，什
麼都還一知半解的年紀。講道理也聽
不懂，想表達也說不清楚，總之想哭
就哭、想鬧就鬧，還帶點大小孩脾氣
的反抗時期。

抵達羽田機場入關之後，我立
刻找了一臺置物推車，把手中拎著的
大包小包行李放上去。一手牽著她、
一手推著車，然而那臺推車完全無法
用單手駕馭，以一種蛇形的弧度在前
進，不得不用兩隻手推進才行。情急
之下，我跟梨梨醬說：妳也來幫我一

起推推車好嗎？

　　我讓她站在我和推車之間，夾著她一步步慢慢向前，走了幾步路之後，我抬頭尋找登機閘口，接著低頭望向她時，卻發現這孩子不見了！

　　頓時間我腦子一片空白，急忙地四處張望，這孩子從來不曾這般突然跑開我的身邊，更不曾離開我的視線，這是我第一次感受到如此龐大的恐懼。機場裡川流不息的人潮，根本無法發現她的身影，我不斷地大喊：「梨梨！梨梨！」心跳幾乎停止。正當我準備要奔跑找人的時候，突然聽見她大喊媽媽的聲音。

　　循著她的聲音，我猛然地轉頭，看見她站在我們剛剛經過的路上，手指著停放在旁邊一長排的免費機場嬰兒車。還不太會說話的她，不斷大聲地呼叫著我，示意要我過去。

看到那排嬰兒車時，我明白了她的用意，忍不住緊緊抱著她說：「謝謝妳！」因為如此一來，就解決了我必須一邊推行李一邊牽著她的不便。討厭走路的她，也找到了解決自己需求的方法。

才來到這個世上八百天的她，竟然已經能夠發現我所沒有注意到的事物。尤其羽田機場的娃娃車，長得不太像是一般的嬰兒推車，從她出生以來僅坐過二到三次，對於她突如其來的舉動，我內心感到相當地震驚。

但我叫自己不要多想，可能只是剛好而已。

上了飛機之後，已經習慣機艙環境的她，主動要求我幫她開電視看卡通，吃了一些簡單的午餐，她便一路睡回臺灣。當我們在機場準備要取行李的時候，我再三叮嚀她不要亂跑，乖乖站在行李轉盤的旁邊，陪著我一起等行李。

一件、兩件、三件，當我把三件行李全部扛上推車之後，心中竊喜這段旅程終於要無事告終，我愉悅地對她說：「行李都拿好了，我們走吧！」

我往前邁了幾步，通常這個時候，她一定會追上前跑到我的身邊，這是我們的默契，但這次她卻動也不動地依舊站在行李轉盤旁。旅途的勞累讓我失去了一些耐心，忍不住拉高分貝：「梨梨！走了～」

她滿臉著急，想說什麼又說不出口，只是不斷地喊著媽媽，然後往行李轉盤的方向指去。我不懂這孩子到底在搞什麼

鬼，兩歲出頭的孩子常常會讓大人摸不著頭緒。我無可奈何地準備往前把她抱起，然後這個時候，她還是不放棄地一直指著行李轉盤。

嬰兒車！

沒錯，我看見轉盤上還躺著她的嬰兒推車，而我壓根忘了還有這件行李，沒想到竟然是梨梨醬來提醒我，一個才兩歲出頭還在吃奶嘴的小孩。當時我覺得好糗又好丟臉，因為我們身後站著一位日本歐巴桑，她目睹了所有的一切，忍不住放聲地大笑。

「妳的孩子很精明喔，可以常常帶她去旅行了。」歐巴桑摸摸梨梨醬的頭，笑彎了眼睛。而她的一句話，讓我對於南法普羅旺斯的旅行，產生了一股莫名的信心。

✈ 巴黎降落

　　自從決定了要跟梨梨醬遠征法國，我一直在思索著，除了一些旅行前的例行準備工作之外，還有什麼是不得不做的事情？！

　　想了老半天，終於在某個晚上無意間看到電視上播出的親子實境秀《爸爸去哪兒》之後，找到了答案。這個節目獲得許多觀眾的熱愛，看著這些平常忙碌於工作的超人父親們，如何在沒有另外一半的協助之下，獨自帶著孩子到各地旅行冒險，共同完成被指派的任務，成為觀眾媽媽們熱烈討論的話題。

　　但現今有許多的雙薪家庭，家中忙碌的不再只有父親，許多母親們也同時身兼職業婦女的角色。我在梨梨醬出生之後的第三十一天就重回職場上，孕期也工作到生產前最後一個月。沒辦法，我實在太喜歡工作了，但也不得不承認，同時要兼顧工作、育兒和家庭，並非一件輕鬆簡單的事情。

　　除了時間和體力上的緊迫壓縮之外，更多時候令人覺得無力的是，內心對孩子的一份愧疚感。每當外出工作時，總是感嘆著沒有足夠的時間可以陪伴她，總是沒有好好專心地與她相處。尤其在她正處於成長探索和學習的階段，無法隨時隨地做她的嚮導。

　　然而這份愧疚感並無益處，只會讓人心力更加交瘁。工作時想著孩子，在孩子身邊時又忙著用手機處理工作，反而沒有一件

事情能夠恰如其分。為了消弭內心裡的負面情緒，我盡可能在休假時安排大大小小的旅行，讓一家人有充分相處的時光，但也不是每次休假都能和先生的時間一樣。

曾經讀過一份研究報告，歐美有許多教育專家提倡父母單獨一方帶孩子去旅行。尤其是工作較為忙碌、較少能陪伴孩子的那一方，由於平時缺乏溝通和了解的時間，藉由旅行時的相處，共同體驗事物，增進對彼此雙方的了解，並且心無旁騖地陪伴彼此。

就算是媽媽獨自一個人，也能單槍匹馬帶孩子遠征歐洲！

但我前面有提到，就在我看過了《爸爸去哪兒》的節目之後，突然之間發現一個既嚴重又急迫的問題。那些爸爸們各個孔武有力，一把就能將孩子舉高高，男人就是男人，隨便出手就充滿力道。

而我那禁不起考驗的體力和受重力，平常還能派上點用場，但如果獨自帶著孩子挑戰長達一個月的旅行，必須時不時地抱著十二公斤的孩子（雖然她偶爾願意走一下路，只是偶爾），還得一手扛著推車、一袋媽媽包和自己的隨身背包，並且旅程中有走不完的路，這根本就是不自量力。

二話不說地，我隨即報名了健身房的重量訓練課程，要求指派最嚴格的魔鬼教練，目標在短短一個月的時間之內，將全身的肌耐力提升到最高。

才第三堂課的訓練，沒想到我竟然就閃到腰了！一點都不誇

張，結束四十分鐘後的訓練，開車去接梨梨醬下課，帶她去公園裡溜滑梯，抱起她的瞬間，我的下半身竟然痛到不能動，直接被送去醫院電療，被診斷出是肌肉韌帶拉傷。

經過了幾天的休養，我開始一點點加強訓練的頻繁度，甚至還開始加入爬山和慢跑的練習。因為我已清楚意識到一個事實，若要隻身帶孩子冒險旅行，除了心理建設必須充足之外，體能上的準備更是絕對不能缺少。光靠意志力是不夠的，試想，倘若今天在國外發生了拉傷的狀況，這可一點都不好玩。

媽媽帶孩子出國，就跟挑戰雪峰攻頂一樣壯烈勇敢。出發前，記得練壯一點！

行前準備

距離出發的時間一天天接近，我每天都在祈禱梨梨醬不要突然感冒或生病，或是不要忘記什麼重要的行李。說不緊張是騙人的，儘管旅行對我來說有如家常便飯，但多了一個小娃，便令我完全失了方寸。

很多人都好奇問我說，帶小孩出國時的行李究竟該怎麼準備？

距離出發前一週，我仔細列了一張行李準備清單。多年前剛開始旅行時，每次出發前我都會這麼做，但後來漸漸有了經驗，腦海中的清單便能迅速浮現。但這一次隨行的多了一位小小少女，而且行程長達一個月，到底該準備什麼呢？

清單列了老半天才發現，其實根本也沒什麼特別的，除了換洗衣物、急救藥品之外，最重要地就是要替孩子準備她平時習慣的被單、枕頭套或小棉被，以及陪睡的玩具或玩偶，讓孩子在不同的睡眠環境裡也能擁有安全感。但其他的真的不要多帶了，相信我，滿滿一大箱只會累死自己。

衣物到了當地都可以換洗，如果擔心氣候有什麼遽變，建議輕薄或厚重的衣服都各準備幾件，總之能少帶就少帶，別讓自己

變成神力女超人，一切以輕便為上策。

不過我卻花了很多心思在準備帶上飛機的用品。

這次的行程是臺北直飛法國巴黎，約莫十三小時的航程。由於是深夜出發的航班，幸運一點的話，孩子有可能一上飛機就開始呼呼大睡，但也有可能會因為氣壓或環境不適的原因，全程哭鬧或暴走。這對於每個母親來說，簡直就是天堂和地獄兩極般的下場，由於無法預估最後的結果，只能把一切的打算做到最壞。

假設這十三個鐘頭她全程睡不著的話，除了必須陪她在飛機通道走九回以上，還得防止她因為好奇心而四處騷擾其他的乘客，但最讓媽媽們聞之喪膽的，就是孩子在機艙內止不住地嚎啕大哭。除了必須忙著安撫小孩之外，還得承受乘客們責難的眼光。這種龐大的壓力，足以讓媽媽的戰鬥力瞬間崩潰瓦解。還記得我曾經在某次的長途飛行經驗裡，看到一位媽媽帶著出生不久的嬰兒搭機，全程將近十個小時小嬰孩不停地大哭，那位母親因為受不了周遭乘客眼光的壓力，最後選擇一個人默默地抱著嬰兒站在機艙的最尾端，直到飛機落地為止。而她的臉上除了無助之外，還掛著兩行淚。

如何讓年紀小的孩子在機艙裡感到舒適，或是用什麼方法來幫助她入睡，甚至能夠做點什麼事來消磨時間，以免打擾到附近的乘客，相信我，這件事情遠比行李該帶多少衣物來得重要太多了！

於是我約了一群同樣是媽媽鬥陣俱樂部的前輩們出來喝

茶，她們個個身經百戰，創下不少輝煌的戰舉，經常一個人帶著兩個孩子和一堆行李從美東或美西飛回臺灣。直接跟她們討教，相信是最準確的做法。

自從當了媽媽之後，真的很感恩身邊有這些朋友們，隨時大方地傾囊相授。

「首先，妳需要自備個軟的椅墊或枕頭。」W媽毫不猶豫地這樣回答。

「為什麼？」我記得飛機上不是都有提供小枕嗎？

「如果要在長程飛機上讓孩子睡得安穩，最好在椅墊上放個平軟的墊子或枕頭，因為孩子不習慣坐著睡覺，通常都想要趴著或躺著，而一般飛機的座椅太硬，小孩不容易熟睡。」

我趕緊拿出筆記本來抄下重點，然後呢？

「上飛機前的十二小時盡量讓孩子活動量增大，最好避免睡午覺。多準備一些畫冊、貼紙簿、黏土、剪紙，最好是孩子平常沒有玩過的新鮮貨，多少能夠殺點時間。以及平常沒有吃過的點心餅乾或糖果，但要避免糖分過高，以免吃多了之後過於興奮，在飛機上反而睡不著。」

但根據我的經驗，這些小戲碼頂多只能撐個二到三小時，接下來還有漫長的十三個鐘頭，還有沒有其他的方法能讓她入睡呢？

「我不知道這樣做好不好，但我都會讓孩子喝一點點醫生給的感冒藥水，加強他們的睡意。」C媽有點不好意思地說。

「哎呦，這太麻煩了，我都直接帶去診所，請醫生幫忙開一點調時差專用的退黑激素，通常全程都睡得很香甜喔。」D媽是屬於學術派的媽咪，不管大小事情絕對都先請教醫生或專家。

那天下午幾位媽媽聚在一起分享帶孩子搭飛機的經驗，簡直就像是男人在大聊當兵時的口沫橫飛，彷彿是一次次考驗著耐力的出操演練，一場場高潮迭起的戰役，屬於同樣是過來人才會明白箇中滋味的挑戰。

帶著各位前輩們傳授的教戰手冊，以及一大包塞滿滿的媽媽包，終於我和梨梨醬要準備出發南法了。當天晚上家人們開車送我們到機場，由於是深夜將近十二點的航班，梨梨醬在車上一度暈睡，我不厭其煩地打擾著她，試圖將她的精力耗到最底。

到了機場之後，她顯得有點興奮，好奇地四處奔跑張望。在登機口的旁邊剛好有個為小朋友所設計的遊樂空間，不得不讚賞機場的貼心設計。看著她的電量一點點在減少，我心中默默地祈禱著，希望她能夠一路睡到巴黎，讓這趟冒險之旅能夠有個完美的開端。

友善的法國人

當飛機準備降落在法國戴高樂機場時，時間來到早晨的七點鐘左右。梨梨醬一臉惺忪，似乎沒有要起床的打算。我故意將熱騰騰的早餐放在她的面前，在香氣的誘惑之下，她終於張開了雙眼。

盤算了一下，這孩子從飛機起飛之後的一個多小時，就開始呼呼大睡，如今整整睡了快十個多小時，眼看即將要抵達法國，我內心偷偷竊喜了一番，果然事前的準備功課奏效。

上飛機之後，她熟練地拿起座椅旁的遙控器，主動要求我幫她繫上安全帶，挑了一部喜歡的卡通影片，便一邊吃著吐司一邊看了起來。等飛機起飛之後，漸漸地她有了睡意，等到第一次送餐完畢之後熄燈，這孩子已經差不多陣亡了。

鋪上軟軟的椅墊，以及她心愛的小被子和睡覺時一定要抱抱的小狗娃娃，她沉入了甜甜的夢鄉。期間我看了一部電影，喝了一杯紅酒，最後也跟著入睡。這中間我醒來了很多次，睡得非常淺，生怕她會翻身從椅子上摔下。但她可能真的太累了，完全動也不動。

沒想到這趟旅程的第一關卡，就這樣無驚無險地度過。當飛機抵達戴高樂機場時，我們顯得非常興奮，尤其是我，這輩子走訪了這麼多次巴黎，如今竟然帶著自己的孩子要一起去冒險。

「這個孩子好可愛？幾歲啊？」就在排隊準備入關的時候，站在我們身後的一位法國老奶奶，突然開口攀談。

「謝謝妳！她剛滿兩歲三個月。」

「妳一個人帶她回法國找家人嗎？」她可能誤以為我們僑居在法國。

「不是，我們是來旅行的。」

接著她用著不可思議的眼神看著我，然後貼心地問說：「妳這樣抱著小孩，手上又拿著包包，要不要我來幫妳拿一個？」

我帶著微笑婉拒，但老奶奶堅持要幫我分擔身上的媽媽包。她像是著了迷似地猛盯著梨梨醬。可能對她來說，亞洲小孩的魅力，就像我們看到外國小嬰兒那般的特別。過了海關之後，她陪我走到行李託運轉盤處，幫我拿了一臺推車之後，便跟我們道別，Bon voyage！

這個時候的梨梨醬仍然黏在我的身上不肯下來，我的肩膀和手臂已經開始顫抖，尤其夏季是赴法旅遊的旺季，光是排隊過個海關就整整站了快一個鐘頭，雖然有好心老奶奶相助，但我內心後悔萬分，為什麼當初劃位時要託運嬰兒推車？為什麼不把推車直接帶上飛機？

我一邊不停地咒罵著自己是個笨豬頭，一邊試圖將梨梨醬從身上拔下。她顯然不是很喜歡這個主意，剛睡醒的她又來到陌生的環境，跟她說再多的大道理，她仍然堅持要媽媽的懷抱。我心想，這下子可好了，我該怎麼辦才能一手抱著孩子，一手扛行李下轉盤。

當時的我肯定臉很臭，臭到連身旁的人都看不下去了，因

此就在好心法國老奶奶之後，又出現了本趟旅程裡的天使二號。在機場服務的工作人員主動前來詢問要不要幫忙，並且一路為我們開道，最後將我們的行李交給前來接機的司機，樂得我一派輕鬆，連忙和機場人員道謝，他在道別時也同樣親切地祝福我們Bon voyage！

　　真的太幸運了，我內心忍不住撒花轉圈，心想怎麼這麼剛好都會遇到好心人幫忙。然而這樣的想法，在之後的旅程裡深刻體認到，這一切根本和運氣無關。在法國，如果一個母親帶著孩子，通常都會得到周遭陌生人的協助。這個國家對小孩普遍都很體貼友善，尤其是搭乘交通工具時，無論是計程車或公車，司機或是路人都會主動幫忙協助，無論是幫忙開車門、搬嬰兒推車，甚至是讓座，這一點令人相當地感動。

　　很多人都說法國人非常高傲，根據我的觀察，我認為那是他們對於自己的國家和文化的一種態度，但對於周遭需要協助的人，卻抱持著濃厚的人本主義，與我和梨梨醬曾經旅行過的一些大都會的體驗不大相同。

　　當我們在機場取完了行李，我將梨梨醬放進嬰兒推車，努力地想

辦法一手推著她，一手推著行李前進。才走沒幾步，機場工作人員立刻來到我們身邊，禮貌地詢問我是否需要幫忙。於是就在他的協助之下，我輕鬆地推著梨梨醬，跟在工作人員的身後，他幫我們一路將行李推到事先預約的接駁車上，我們終於正式踏上了法國的領土。

車子帶著我們一路駛向巴黎市區，沿途上梨梨醬又陷入了昏睡，她軟綿綿地靠在我的懷裡，我望向窗外綠意盎然的花都街景，轉角處的咖啡館、香榭大道上的凱旋門、塞納河的沿岸，腦海裡忍不住回想起十年前第一次來到巴黎的光景。

景色依舊在，如今身邊多了一個她，心頭覺得沉甸甸、暖烘烘，她是我生命裡的小太陽，即將陪著我一同去尋找普羅旺斯的夏天。

普羅旺斯的夏天

　　每次聽到普羅旺斯，便會直接聯想到大片盛開的紫色薰衣草園，這是我腦海中唯一能觸及的連結。由於我不是很愛花花草草的人，對大自然美景也無特別的憧憬，反倒是充滿人文藝術的城市，始終是我旅行時的首選。

　　直到看了一部法國電影《普羅旺斯的夏天》（Avis de mistral），完全令我對南法普羅旺斯產生了無限的嚮往。

這部電影的故事背景就發生在普羅旺斯一帶的某個城鎮，電影男主角是法國知名男演員尚雷諾，他在片中飾演一位獨居在普羅旺斯的酷酷外公。暑假來臨時，因為突然發生的事變，他被迫和從未謀面的三位孫子女一同度過了既難忘又深刻的夏天。

這部電影除了刻劃出溫暖的親情，也充分表現出普羅旺斯的美麗景致，一望無際的田野、小鎮上的鬥牛聚會、從天空灑下如金蔥般的耀眼陽光、彷彿畫一般的城壘建築。我心想，若是能帶梨梨醬體驗一下美不勝收的法國鄉村生活，整個夏天都在戶外奔跑，不知道有多麼開心。

就是如此機緣巧合，剛好長年旅居在巴黎的同學，盛情邀請我們去她位於普羅旺斯的小屋度假，這簡直有如天注定般地非去不可，我毫不猶豫地開始計畫這趟旅程。

時差魔王

我們抵達巴黎之後只停留了一晚，隔天早上便馬不停蹄地前往巴黎里昂車站（Gare de Lyon），準備搭乘TGV法國高速列車前往南法。梨梨醬很明顯地時差症狀相當嚴重，早上叫了很多次都不肯起床（平常她很少賴床），起床之後精神也不太好。沒錯，萬萬沒想到我們這趟旅程當中第一個面臨的巨大挑戰，就是時差！

前一天抵達巴黎時，時間約莫來到下午三點鐘，便是她平常在臺灣的晚安時間。儘管這孩子在飛機上睡了十個鐘頭，後來在

車上也睡了一下，但完全不能小看生理時鐘的制約，大腦想關機的時候，任憑意志力再堅強，過程都是痛苦的。當時我們在巴黎十區的公園裡玩耍，豔陽高照、白雲靄靄，突然間她開始發起了脾氣，就連她平日最愛的溜滑梯，也溜了沒幾下就吵著要抱抱。

　　她大聲哭嚷著想睡覺，但偏偏南歐的夏天，要到晚間十點鐘天黑，搞得這個孩子嚴重錯亂。大哭、在地上翻滾、不斷發脾氣，就連食慾都不甚佳。天沒黑，她睡不著，但等到巴黎天黑時，卻已經是臺灣的早晨七點，她也早已累癱。

　　當媽媽的看到孩子這樣，實在很心疼，簡直跟生病的症狀沒兩樣，又無法明確地跟她解釋，究竟她當時的感覺是什麼生理反應。但好險小孩調時差的速度非常快，而且之後在普羅旺斯的時光，每到臺灣的晚安時間，也剛好是她在南法的午睡時間，不到一兩天，時差就已經調得差不多。

　　不過從這個經驗裡，我學到了一個寶貴的經驗。帶小孩旅行千萬不能把行程安排地太過緊湊，盡量把每個點到點之間的時間預留充分，因為每個孩子在旅程當中的需求不同，尤其遇上生理需求更是無法要求他們忍耐或勉強，唯有充足的睡眠，才足以補充應付旅程所需的體力，總之旅程的規劃就是放～

輕～鬆～

　　因為隔天早上挖她起床前往車站時，看她一臉疲態，但礙於事前已經購買好火車票，又正值法國人夏季旅遊旺季，無法臨時變更，不得已只好將熟睡的她叫醒。倘若能夠預留充足的休息時間，或是在巴黎多停留一兩天再前往普羅旺斯，我相信都會讓大人和小孩感到更沒有壓力。

迷宮般的里昂車站

　　這不是我第一次在巴黎搭火車，卻是我第無數次迷失在巴黎的里昂車站。由於里昂車站連結往返許多鄰國和南法的大小城市，是巴黎市非常重要且繁忙的火車站之一。光是月臺總共就分三層——地面、地下一樓西側、東側，以及地下二樓的月臺，還外加一個中層的轉乘樓面。雖然車站裡一定能找到搭車月臺的標示，但光是要找到月臺在哪一層，就得傷透不少腦筋，更別說月臺還會臨時異動。

　　歐啦啦～學一下法國人的驚呼，巴黎里昂車站肯定是挑戰旅行者機智和反應的好所在。有了幾次前車之鑑的人都知道，若要從巴黎里

昂車站搭車，一定要提早多一點的時間來迷路或問路，才能夠從容地趕上火車。我帶著梨梨醬和大箱小箱的行李，多虧了有異鄉的朋友同行，才能順利找到月臺。我們從地下一層先到了路面月臺，又發現月臺有異動，詢問了月臺服務人員後，終於要乘坐令人期待的法國快線列車。

在歐洲無論是買車票或機票，只要越早提前上網訂購，價錢就越便宜，也就是所謂的早鳥票（early bird）。特別是旺季，價格甚至會相差到一倍以上。由於這趟行程很早之前就已經開始規劃，我們用相當實惠的價格購買到頭等艙的座位，但後來發現帶著兩歲的小娃搭火車，根本沒這個必要啊。

從巴黎到普羅旺斯區的亞維儂（Avignon）車站大約三個小

時，由於梨梨醬經過一整晚的充電，在火車上完全就是hold不住的狀態。包包內準備好的繪本、零食、小玩具，才打發了一個鐘頭左右，有人便開始蠢蠢欲動，在座位上扭啊扭地。謝天謝地好加在我們座位旁的車廂剛好是餐車，寬敞的活動空間讓裝了長效電池的小娃，終於得以發洩體力。

從巴黎一路向南，窗外的風光明媚從城市流動到田野鄉間，而我們期待許久的夢想，正以時速三百公里的速度奔馳著。

抵達茹卡

同樣的日正當中，北緯二十五度與赤道所感受到的陽光與熱度，相信是多麼的不同。臺灣是屬於夏天的，一年四季當中有將近一半以上的時間豔陽高照，既狂野又毒辣，尤其在盛夏的時候，在戶外曝曬超過十分鐘便逼出一身熱汗，時間過長的話甚至還會中暑休克。

夏天啊，總是令人又愛又恨的季節。

正因為對於夏天的體驗無比深刻，所以從沒想過夏天竟然也有不同的體感區別。離開巴黎三個小時，當火車停駛在普羅旺斯區的亞維儂車站，才一踏出車站大門，便立即感受到南法陽光的熱烈迎接。彷彿為了擁抱我們的到來，太陽與地球的距離拉近至咫尺之遠，瞬間被一大團火球籠罩著。

哇！眼睛都快睜不開了，只能勉強地瞇成一條線。但還真是奇怪，這般的豔陽竟然感受不到同等的熱度，雖然說不上涼爽，

　　卻不至於悶熱難耐。嚴格來說並不讓人討厭，只是有點不太習慣，怎麼還沒熱出一身汗來？

　　事前預約好的計程車已經在車站前等候，繼續著最後一段的移動，前往位於普羅旺斯的度假小屋。由於陽光實在太刺眼，沿途景色一片亮白，就像是超強閃光燈，每按下一次快門，就令人忍不住地眨一次眼。一望無際的田地、大片的葡萄園、悠閒的牛隻、美麗又壯觀的城堡，一眼瞬間，便已經深深愛上了窗外的景致。

　　來普羅旺斯之前雖然有稍微爬文做了一下功課，但由於整個普羅旺斯區的面積太大，城鎮之間的移動只能藉由開車或搭乘巴士的方式（也是有計程車，但非常昂貴），如果是第一次自助旅行，不太容易在事前規劃好精準的行程，反正既來之則安之，帶

著小孩旅行最好的策略就是「走著瞧」，於是我乾脆和梨梨醬在度假小屋裡享受慢活的親子時光。

　　一般來說，如果不是要到南法沿地中海一帶的藍色海岸區的城市，例如坎城、尼斯，而是要到沿海上方一點的內陸普羅旺斯區，多半都是從巴黎乘快速火車到亞維儂這個中樞車站，然後再轉乘其他火車或是汽車到鄰近的城市。我們的度假小屋距離亞維儂車站約五十分鐘的車程，是一個名叫做茹卡（Joucas）的市鎮。這個市鎮算是普羅旺斯區裡人口較少、面積較小的一個市鎮，因此有很多法國人都沒聽說過這個地方，但卻也因此幾乎不會發現任何觀光團的蹤影，沒有車水馬龍的景象，沒有昂貴的高檔餐廳，是一個靜謐又可愛的小鎮。

普羅旺斯的度假小屋

　　車子緩緩駛入小屋外的小巷，巷內兩旁只有幾棟房子，屋外用石頭砌成的小矮牆，將房子之間的距離劃開。我們興奮地跳下車，拉著行李衝進度假小屋，一入門就看見庭園外碧藍的泳池，泳池旁種滿了各種綠意，我和梨梨醬立刻飛奔到泳池畔，忍不住脫下鞋子，把腳放入水池裡。

　　這就是夏天啊，我和梨梨醬對看了一眼，母女倆對彼此投以微笑。

這個小屋的裝潢非常特別，充滿了主人的格調，絲毫沒有商業化的匠氣，無論是瓷磚的選配，或是家具的陳設，儼然就是來到法國人家中作客的氛圍。這個小屋雖然被我稱之為小屋，但其實佔地面積並不小，光是室內就有四個客房，一次可供好幾個小家庭住宿。有一個開放式的廚房和客廳，算是面積最小的室內區域。而屋內的前後分別各有一個院子，前院種了一些盆栽和小花，約莫足以停放一臺汽車的空間。從前院穿越過客廳，緊鄰著就是有泳池的後院。我和梨梨醬最愛在後院架設的花架下乘涼，主人別具巧思地擺了一張餐桌，讓人能夠一邊享受南法的陽光、田園的景致，一邊享受南法的美食佳餚。

　　這間度假小屋是朋友先生的母親，一磚一瓦所蓋設出來的。她當初看上了這塊空地之後，花了很長的時間整地和規劃，完全不假他人之手所建造出這個夢幻家園。除了平時讓自己和家人度假使用之外，也租給外客使用。多半都是鄰近國家的旅客，像是瑞士、西班牙、義大利、摩洛哥的自助遊客。亞洲的遊客則礙於語言和交通的問題，多數以旅行團的方式遊玩。由於夏季（大約七月時）是普羅旺斯著名的薰衣草盛開季節，通常都要在一年前就開始預定租屋，我和梨梨醬真的極為幸運，第一次造訪普羅旺斯，就能入住在如此夢幻又美麗的度假小屋。（度假小屋詳細資訊，可去信詢問：linjo1704@gmail.com）

來自諾曼地的訪客

　　就在我們抵達小屋的幾個鐘頭之後，家中來了好幾位的客人。他們是來自法國北部諾曼地的一個家庭，一家四口（兩大兩小）開著車從北部一路駛向南方，用 Road Trip 的方式度過夏天的假期。最後一站他們來到普羅旺斯，和我的友人夫妻會合，準備在度假小屋裡共度一個晚上。還記得當他們一進到小屋內，友人介紹我給大家認識的時候，他們主動地靠向我的臉頰，熱情地以法式臉碰臉的方式來打招呼，那一刻我完全不知所措，甚至有點害羞，如今回想起來，當時我的表情肯定非常滑稽。

　　雖然時間已經快接近傍晚了，但南法的太陽依舊高高掛在天上，如同早晨時的明媚曙光。我們一行人浩浩蕩蕩地步出家門，在友人的帶領之下，以步行的方式瀏覽茹卡小鎮的風光。

　　普羅旺斯區的每個市鎮，基本上都是一個山丘的地形，市鎮的四周則是隔著大片的平地田園，我們所位在的度假小屋是在山丘上的一個坡地，如果要走到平地鎮上的商店，必須踩著一階階的石階小巷往下，這對當時才兩歲出頭的梨梨醬來說，簡直就是一大挑戰。喔！不！我說錯了，這根本就是訓練媽媽臂力的鐵人訓練。

　　茹卡雖然不像是鄰近的一些中型市鎮，有著名的古老教堂、雄偉的城牆堡壘，但它的精緻和靜謐如同一首悠揚的小曲，涓涓細流在心中留下無限的回味。那些用石片所砌成的兩層樓小屋，攀爬在牆上的綠意，裝飾上各種不同風格和色調的門窗，儼

然是這個小鎮的美好風景，是居住在此地的主人們創意妝點。

　　我們在鎮上的小店裡買了一些簡單的食材，為了今晚在普羅旺斯的第一個晚餐，大家決定各自弄幾道簡單的料理。食在南法這件事情對於梨梨醬來說，也是考驗媽媽的一個挑戰。法國人平常吃得非常簡單，一份沙拉、煙燻火腿片、幾片麵包和乳酪就是一餐。但這些多半是生冷的食物，對於平常吃慣了熱湯熱菜的亞洲小娃來說，可一點也提不起食慾。

　　正當我們幾個女人在廚房裡忙進忙出的時候，突然間我聽到從客廳裡傳來非常大聲的叫聲，而且竟然是說著中文：「哥哥，你好帥！」

　　我狐疑著，這屋內會說中文的人除了我的友人之外，就剩下我和梨梨醬。

　　接著又是一聲大喊：「哥哥！你好帥！」

　　這個時候我和友人對望了一眼，連忙步出廚房，看到我家這個兩歲出頭的小女孩，竟然對著十七歲的法國哥哥投以愛慕的眼神，並且毫不掩飾地喊出她內心的讚美。而那一刻，我的友人放聲大笑，問我說：「妳有教過她說男生好帥嗎？」

　　「我只有教她說過，爸爸好帥……」我一臉無辜，心中充滿著震撼。

　　「這個孩子眼光很好喔，妳以後可得當心點，說不定十八歲就嫁給洋人。」友人繼續半開著玩笑，但對於親眼目睹自己女兒如此地熱情主動，媽媽的思緒早已飄到十幾年後的光景，嚇出一

身冷汗。只能說好險她老爸不在現場，不然我可得一邊忙著撿起碎落滿地的玻璃心，一邊安慰他女兒遲早會嫁人的。

這真是一個不小的衝擊，一個兩歲半不到的小娃，走路都還嚷著要人抱抱，連尿片和奶嘴都還沒有戒掉，竟然已經會對心儀的哥哥大喊你好帥，只能說異性相吸是人的本性。

但更誇張的還在後面！

法國帥哥哥因為腳不小心刮傷，獨自坐在沙發上清潔傷口塗藥，這個時候梨梨醬跑到他的跟前，蹲在他受傷的腳前面，噓寒問暖地問說：「哥哥，你痛嗎？」

貼心地在他傷口上面吹了幾口氣，然後陪伴在他身邊，看他把整個傷口清潔完畢。我的老天啊，這不是真愛是什麼？！哈。

和這個小娃朝夕相處了兩年多，原以為早已對她了解透徹，但直到了那一刻我才赫然發現，儘管是小孩子，也還是有很多父母平常看不到的一面。

然而這一段小朋友天真可愛的童言童語，很快地拉近了我們這三家人之間的距離。隔天早上，大家一同在泳池裡戲水、在樹蔭下打乒乓球，一同交換著笑聲和回憶。很快地就到了要和他們一家人道別的時候，儘管梨梨醬從未掩飾過對於小哥哥的愛慕，但始終和他保持著一定的距離。最後當我們跟她說：「哥哥要回家了喔～」

終於她才給哥哥抱了一下，但很快地又從他懷裡逃走。

這下我總算能夠跟梨梨爸有個交代，這孩子多少還是有著少女的矜持！

🍴〈 食在南法

　　南法的鄉村料理在整個法國的飲食文化裡佔了相當重要的地位，在這一片美麗富饒的土地上，盛產各種新鮮食材的產地，也因此衍生出了相當具有特色的鄉村料理，大量使用色彩繽紛鮮豔的蔬果、橄欖油、香料，既新鮮又隨興，和一般大眾對於法國料理的印象不太相同。

　　所以說來到普羅旺斯的旅行，品嘗南法美食當然是絕對不可錯過的行程，但此行有小娃相隨，不可能天天帶著孩子跑餐廳，光是要她安靜地坐在椅子上半個鐘頭以上，簡直是比登天還難。因此抵達普羅旺斯的第二天一早，友人便開車帶我們去臨鎮上的大型超市和市集，一次購足幾天份的食糧，另外再安排幾天到餐廳裡體驗正統的南法鄉村料理。

然而一般法國家庭平常吃得相當簡單清爽，沙拉、火腿、麵包……等，和亞洲餐餐幾乎都是熱飯熱湯的飲食習慣大不相同。有了昨晚的前車之鑑，看著梨梨醬才吃了沒幾片火腿和麵包就不再動口，我決定去市場買一些平時習慣的食材，煮一些簡單的中菜，說不定還能和南法鄉村料理來個混搭創作。

　　列好了食材清單，把平常日積月累的主婦魂喚醒，總之只要有醬油和大蒜，就算飛到了外星球，媽媽也能生出一桌家鄉味。但我的如意算盤，在我們抵達了市集之後，完全被推翻。

　　平日的露天市集擠滿了遊客，為恬靜的南法鄉村增添了無比的活力。尤其在入口處便看見許多遊客在搶購著當地限定的

編織籐包、草編鞋，以及一些鮮豔花色的洋裝。彷彿僅僅身處於這一片自然風光還不夠，從頭到腳都必須換上南法的隨興，呼應普羅旺斯的陽光。

在市集裡像這般的生活用品攤位並不多，大概只有幾攤而已。絕大多數都是南法當地盛產的新鮮食材，各式各樣的橄欖、煙燻香腸、乳酪起司、馬鈴薯、紅椒、黃椒、大櫛瓜，令人看得眼花撩亂，卻也猶豫著不知該從何下手。

看著手中的食材清單，上面竟然還寫著空心菜、地瓜葉，忍不住對自己翻了一陣白眼，可以天真到把普羅旺斯當成小南門市場。

最後索性買了一些紅蘿蔔、馬鈴薯，平常在臺灣常見的食物，再去鎮上肉店裡逛逛，才踏入店內，又彷彿是一場走入外太空的迷茫。法國人愛吃動物內臟，前菜習慣搭配冷盤，牛肉、豬肉、鴨肉之外，兔肉也是他們的熱愛。因此肉店裡的選擇多樣到難以用目測來判斷，完全超乎我這位臺籍主婦的經驗值。

但我的目光立刻被冷藏櫃裡的一整排貌似肉醬或肉泥給吸引住，覺得相當眼熟，詢問之下才知道那是知名的鄉村肉醬（Pâté）。這種鄉村肉醬在法國相當普遍，但風味各有不同，幾乎每間餐廳或是超市都有自己獨門的配方和口味。在亞洲大家多半知道的是用鵝肝所製成的鵝肝醬，做法其實有點類似，但在法國，鄉村肉醬基本上多半使用豬肝、豬肉、魚肉或蔬菜，剁碎之後再加入酒類、奶油、香料和調味料。而吃法相當地簡單，抹在

麵包上就對了，冷食或加熱後再享用都很美味。

　　來到南法當然一定要品嘗一下當地特有風味的鄉村肉醬，儘管無法帶小孩天天上餐館，也能夠在市場的肉店裡找到法式美味。並且在肉店裡，還有販售店家事前醃製好的肉類，例如用當地盛產的香料所調味好的春雞或雞胸肉，買回家後放進烤箱或是平底鍋烹飪，輕輕鬆鬆立即上桌。

　　沒想到竟然在普羅旺斯的市集裡可以找到這麼多的樂趣，如果事前租賃好交通工具，天天跑市集都不嫌膩。難道說主婦就算出國了，還是改不掉上市場的習慣嗎？哈！

法國小孩的餐桌禮儀

　　法國人是出了名的優雅，所以有很多關於法國育兒的書籍，都在討論如何教育出優雅有禮的小孩。但天下父母百百種，一種米養百樣娃，並非每個在法國的小孩都如同那些育兒書所說的那般神奇，偶爾當然會在街上看到一些亂衝暴走，或是在機艙裡放聲大哭的小孩。但整體來說，法國小孩的餐桌禮儀真的是有讓我內心感到無比的震撼。

　　直到現在我還是無法忘記當時所目睹的景象。

　　還記得那天的天氣特別炎熱，早上簡單吃過了早餐之後，我們決定到鄰近的城鎮去觀光。坐在推車上的梨梨醬，顯然是因為早上起床太早，還沒到日正當中，她已經意興闌珊地在推車裡吵著要吃中飯。

　　出門旅行的時候不比在家裡方便，隨時都能生出一些食物（非零食），小孩又因為活動量比平常大許多，沒多久就開始喊餓。我都會事先準備幾塊麵包或是餅乾在包包裡，以防她隨時肚子餓的時候能夠墊墊肚子。但那天她似乎特別地飢餓，沒一下就把隨身的儲糧給吃完了。年紀這麼小的小孩，不太能夠忍受飢餓感，開始變得有點躁動。於是我和友人建議，不如就在附近隨便找一間餐廳來用餐吧。

　　那是我們這一趟普羅旺斯之旅，第一次在餐廳裡用餐。既沒

有事先上網爬文、也沒有先預約，竟然就這麼倒楣地踩到地雷！那間餐廳顯然因為地利之便，觀光客非常地多，服務生的態度從進門時就不太親切，點菜之後等了超過三十分鐘連一盤菜都沒上桌，三催四請好不容易菜來了，味道普普通通。

「請問有小朋友坐的專用椅嗎？」我先是跟服務生要了小朋友的餐椅，無論是在臺灣或是回東京，每次帶梨梨醬外食，一定是先跟餐廳要餐椅，不然以她的年齡和身高來說，桌子的高度有點勉強。

「抱歉！我們沒有這種椅子。」金髮的服務生斷然否定之後，也沒打算再提議其他的解決方案。

環顧一下餐廳的環境，並非是高檔次的米其林料理，店內也

發現幾桌客人有帶小孩，顯然是一間歡迎闔家光臨的餐廳，但怎麼會連一張兒童餐椅都不提供？！儘管不是什麼天大的事，但對我來說有點不合常理。

此時又餓又熱的梨梨醬，從一進餐廳之後就顯得悶悶不樂，而我的包包內已沒有能夠安撫她的零食，只能任由她玩著桌上的餐具消磨時間。桌上的餐具只有一把刀子和叉子，連水杯也是玻璃杯。

真是太危險了！戳到眼睛怎麼辦？桌子又這麼高，玻璃杯不小心打破……此時我心裡面對於梨梨醬手持刀叉的情景，感到相當不適應之外，內心裡紅色警戒燈也開始亮起，生怕兩歲的小孩有個什麼不小心，誤傷了自己。

「請問有兒童餐具嗎？或是塑膠水杯？」我又把服務生找了過來，沒餐椅就算了，該不會連小孩專用的餐具都沒有吧，這也太強人所難。

「抱歉！沒有。」忙碌的服務生連腳步都不願意停下，旋即把答案丟在空中。

這間餐廳怎麼會如此對待小小客人呢？如此不貼心，豈不是讓父母在旁吃飯吃得很不放心嗎？我心中忍不住犯起嘀咕，對於南法的餐廳服務感到不置可否。

鄰桌也坐著一個小女孩，年紀比梨梨醬大個幾歲，也是因為等待上菜時太無聊，所以拿著玩具在桌上敲敲打打，時不時地扭動，但餐桌的高度對她來說似乎沒有太大的問題。我再繼續尋

找，看看店內是否有和梨梨醬一樣年紀的小孩，就在此時，我被眼前的畫面給震懾住了。

　　一個約莫兩歲的小女孩，貌似比梨梨醬年紀還小一些，安安靜靜地坐在用兩張大人座椅所堆疊起來的椅子上，不吵也不鬧。她的手上既沒有玩具、也沒有平板，乖巧地坐在幾乎大她兩倍的椅子上，沒有因為無聊而發出任何敲打的聲音，或是試圖從座椅上掙脫。更令人瞠目結舌的是，在她桌前擺著一個白色的瓷盤，跟大人用的餐盤相同，她小手拿著叉子，一口口認真吃著盤內的食物。彷彿就像是個小大人一般，尤其以她的年齡來說，那個畫面對我來說既不真實又不自然。

　　但若不是親眼目睹這個景象，光是從育兒書上所轉述的內容，我肯定會抱持質疑的態度。畢竟這麼小的孩子，怎麼可能做得到如同大人一般的用餐方式。正所謂百聞不如一見，這個小女孩帶給我內心極大的衝擊，難道傳說中的法式教養，真的有什麼極端的特殊之處，能夠讓孩子的潛力發揮到如此極致。

　　我的思緒飛到很遠的地方，就像是好奇的愛麗絲，巧遇了拿著時鐘的兔子，帶領她來到神祕的一扇門前，忍不住要跟著兔子的腳步一探究竟。餐廳裡那位法國小女孩，在我的腦海裡留下深刻的印象，也更加引發我對於法式餐桌禮儀的好奇。

餐桌上的文化

　　雖然只是吃飯這件事情，每個國家都有不同的文化和禮儀。

　　我的爺爺是一名退役將軍，對於小孩在餐桌上吃飯的規矩，完全比照軍事化管理。雙手要捧著碗，不能夠以口就碗，更不可以趴在桌上吃飯。拿筷子的時候，要剛剛好拿到筷子的中間，一個不小心若是小拇指翹起來，就會被他用筷子打手。吃飯時不能發出聲音，夾菜時必須要用公筷母匙。特別是用餐完畢準備離席的時候，必須要跟同桌的人知會：爺爺奶奶，我吃飽了，你們請慢用。

日本也是非常講究餐桌禮儀的國家，我就曾經發生過非常尷尬的情況，當時為了協助同桌友人將兩塊黏在一起的肉夾開，而被糾正這是非常不禮貌的事情，因為兩雙筷子同時夾一個東西的舉動，在日本是被視為撿骨的動作。還有飲料上桌時不能先喝，必須等到同桌用餐的人的飲料都來齊之後，一起乾杯才能開動。

　　法國對於餐桌禮儀更是複雜，除了刀叉的用法和順序不能隨便之外，使用刀叉時雙手不能靠在桌面上，必須騰空。咀嚼時不能發出聲音，餐巾布的擺放要正確。我曾經在一次品嘗甜點料理的時候，叉子送食物到口中時用雙唇抿了一下叉子，而被法國友人嚴正地糾正。

　　餐桌禮儀形同是各個國家民族的文化縮影，無論走到任何地方，擁有良好的餐桌禮儀，就同樣被視為良好的家庭教養。

　　之前在日本居住的時候，發現在餐廳裡用餐的小孩子們，幾乎多數都不太需要大人餵食，自己會主動將碗內的食物吃完。經過深入觀察之後才了解到，孩子的獨立表現來自於後天環境的造就。

　　日本的家庭主婦多半非常忙碌，必須一個人獨立完成所有大大小小的家事、包辦全家三餐的伙食，以及育兒的重責大任。丈夫在家中所扮演的角色是主要經濟收入來源之外，週末假日則是孩子的大玩偶。每天已經忙得像個陀螺似的日本媽媽們，根本沒有多餘的時間心力來餵食小孩。當小孩到了會拿餐具的年紀，日本媽媽們煮好飯後便讓孩子自己在餐桌上奮戰，自己則繼續忙碌於家事裡。

反觀臺灣，有很多孩子都是由祖父母那一輩來幫忙照顧。梨梨醬在我面前的時候，會乖乖坐在餐桌前努力把飯吃完，因為她知道媽媽沒有時間和耐心一口一口餵她。但是一到外公、外婆的面前，便會耍賴要人追著餵。愛孫心切的老人家，總是擔心她吃太少、吃太慢，心甘情願成為她的小奴婢。在這種環境之下，孩子不肯乖乖坐著自己吃飯，一點也不奇怪。

　　目睹了南法餐廳裡的幼童如同大人般的用餐儀態之後，我不禁好奇法國家庭是在什麼樣的環境之下，創造出孩子如此獨立自主的餐桌教養。就在我們南法之旅即將接近尾聲之際，我和梨梨醬某次在餐廳裡的經驗，讓我深刻體會到法國人對於小孩教養的態度。

被趕出餐廳

　　為了不讓此行留下初次來到南法卻沒有機會品嘗到真正道地的美食的遺憾；同時也為了答謝友人夫婦對我和梨梨醬的照顧和款待，我提議在離開南法之前，安排一個晚上離開居住的小鎮外出用餐。為了避免像上次那樣誤踩地雷，友人的先生事前特別安排預定了一般觀光客不會去的道地南法餐廳。法國人熱愛美食，對吃又特別講究和挑剔，這一次由老饕領路，出發前便令人滿心期待。

　　友人先生所安排的餐廳位於號稱「天空之城」的一個小山城——戈爾代（Gordes），開車距離我們下榻的度假小屋僅約十

分鐘的車程。這個山城在普羅旺斯區裡眾多城鎮當中享有盛名，因為暢銷小說《山居歲月》和改編電影《美好的一年》而聲名大噪。戈爾代整個山城的建築都是由石頭所砌成，既優雅又壯麗，一棟棟石屋盤據在山頭上，俯瞰普羅旺斯的大地美景，是來到普羅旺斯一定要駐足的山城之一。尤其十六世紀時所建造的戈爾代城堡（Le château de Gordes），更是不能錯過的著名景點，而我們當天預定用餐的餐廳，正是距離城堡不遠的小巷內。

我們刻意預留晚餐之前兩個鐘頭來欣賞戈爾代的風景。身為媽媽的我從前一晚就開始期待不已，但是不幸地，梨梨醬從出

發前就一臉意興闌珊。剛從午睡裡甦醒的她，精神看起來不是太好，疲態倦意滿滿寫在臉上，對出門絲毫提不起任何興趣，沒想到也因此讓接下來的這段出遊變得不太美麗。又再度證明了，小小孩吃飽睡飽了，才能讓大人有玩興啊。

抵達戈爾代之後，友人夫婦先帶我們去參觀了當地古老的教堂，梨梨小姐坐在教堂裡，仍然是一臉睏意，嘴裡吃著奶嘴，手上抱著蓋被，眼神渙散放空。

友人的先生熱情地帶領著我們導覽戈爾代的風光，但由於這座山城的地形和建築特色，是由一條條陡長的石階巷弄所鋪成，嬰兒推車不但無用武之地，帶著倦意的梨梨醬才沒走幾步便開始

吵著要人抱抱。號稱最靠近天空的石頭城，對於幼小的孩童和父母來說，無疑是一項極大的挑戰。

無奈不能盡情瀏覽，索性直奔餐廳裡享用美食。友人先生所預定的餐廳，是在一座石窖的建築內部，四面牆壁皆由石磚砌成，天花板頂部也是用石頭所打造出的拱弧形圓頂，相當具有戈爾代的當地特色。

我們是當天第一組抵達餐廳的客人，服務生親切地來與我們攀談，我順勢詢問了一下有沒有兒童座椅，果然答案又是沒有，無奈只好讓梨梨繼續坐在推車裡。服務生貼心地為我們安排靠近牆角的位置，這樣一來，推車就不會佔用到其他客人通行的空間。來到這樣一個別具風味的空間，滿心等待著佳餚，我和友人開心地聊著天，一切都很美好。

興致盎然所致，特別開了一瓶中上等級的紅酒，也點了一些道地的南法餐點，此時陸陸續續有其他客人開始入坐。但就在等待餐點上桌的這段空檔，梨梨醬因為沒睡飽再加上肚子餓的原因，突然開始哭鬧了起來。

當時才兩歲四個月的她，語言能力的發展程度還不到能夠用語彙來表達需求，不像現在已經能夠清楚地說出感受，甚至直接點名所欲得到的需求。正值幼兒期的她，情緒的表現上只能用最本能的哭泣模式，這對媽媽們來說，雖然感到苦惱，但也能明白這是成長的必經過程。

我試圖安撫梨梨小姐，輕聲跟她說：「再忍耐一下下，很快

就有東西吃囉。」但她依然哭鬧，就連心愛的奶嘴也不要了，我知道她很不舒服，繼續努力安撫她的情緒。然而同時間，我的友人以及她的先生也開始要梨梨醬安靜下來不要哭，友人的先生因為不會說中文，只好對梨梨醬發出「噓！」的示意聲，三個大人同時制止一位幼兒的情緒宣洩，反而引發了更強烈的反彈。

我當時不太明白，甚至一時半刻不能接受，為什麼我的友人夫婦需要如此急迫地停止梨梨的哭鬧。在亞洲社會裡，一般來說當一位母親正努力安撫哭鬧中的幼兒時，身旁的友人多半採取陪伴或協助的態度，鮮少會用噓聲來制止。然而就在這個時候，服務生走了過來，他對我說：「可以讓這個孩子停止哭鬧嗎？或是帶她離開餐廳一下？因為影響了其他客人用餐的品質。」

什麼？！我懷疑起我所聽到的話。這間餐廳雖然價格不算便宜，但也稱不上是什麼頂級的高級餐廳，更不是米其林等級。還記得曾經在東京一間米其林星級的法式餐廳用餐，梨梨醬也沒有因此而被要求離場，當時的經驗令我感到無比的震驚。

無奈之下只好帶著哭泣的梨梨醬離開了餐廳，留下友人與她的丈夫繼續用餐。還記得當時我推著梨梨走在戈爾代的街上，心情有如天空中正逐漸西沉的太陽，我們來到一個可以遠眺山下景色的空地，我蹲下來跟梨梨醬說：「沒關係喔！我知道妳很餓又很累，所以才會哭哭，那就盡情地哭吧，哭完了跟媽媽說，我在旁邊陪妳。」

這句話才說出不久，彷彿施了什麼魔法般地，梨梨醬便立即

停止哭鬧了。我仍然站在原地不動，十分鐘過去，梨梨醬表示想要回餐廳裡。

「妳確定嗎？不想回去那間餐廳裡也沒關係，但如果妳肚子餓，想要進去吃點東西，就不能再哭鬧了，因為我們會被趕出來喔。」我看著她的小臉，試著跟她解釋狀況，她對我眨了眨眼睛，一臉明白的模樣。

之後回到餐廳裡，她開始乖乖吃晚餐，再也沒有哭鬧。而我的友人連忙向我解釋，她的法國先生說，小孩在餐廳裡哭鬧被認為是沒有禮貌的行為，通常都會讓小孩先離開餐廳，等到不哭的時候再回來。

經過這個經驗之後，我更加相信餐桌禮儀的教養，除了和家庭環境有著極大的關係之外，後天環境也有著相當程度的影響。在法國，無論是南法或是巴黎，多數的餐廳並沒有提供專為小孩設計的服務，甚至某部分的人認為，小孩在餐廳裡若不能夠有著與大人同樣的用餐表現，是不應該被帶到餐廳裡吃飯的。當然也有像我們遇到的類似狀況，為了不讓小孩影響到大人的用餐品質，請小孩先離席，或是等小孩吃完飯睡覺之後，大人才外出到餐廳用餐。

不把小孩當小孩，一律用大人的標準來對待，這就是法式教養之所以能夠養成小孩獨立自主的一個主要原因。看在我這一位亞洲媽媽的眼裡，想學還真學不來。

梨梨醬的好漢坡

　　每天早上約莫六點鐘左右，梨梨醬便會自然甦醒，作息擺脫了都市的節奏，調整成跟隨日出日落活動的自然生理時鐘。

　　我們喜歡拿著早餐，坐在院子裡一起等待破曉時分。

　　看著天空從一片灰暗到逐漸露出曙光，不出多久時間，地平線上便籠罩著金黃色閃爍的光暈，那一刻彷彿見證了某種魔法般的奇幻，像是宇宙大地在向我們道早安，準備迎向喜樂的一天。

　　我們在普羅旺斯的每一天，暖烘烘的陽光從未缺席。

　　再也沒有一個地方能夠如此平等地對待每一個人，無論是內心裡藏著多少眼淚、生活中堆積了多少壓力，或是人生中遭遇了什麼樣的重大挫折失敗，哪怕是一敗塗地的「魯蛇」，來到這裡全部一視同仁地被善待。

　　無論你喜歡或不喜歡，總之溫暖又慈悲的陽光能量，終日長達將近二十小時不間斷地釋放，足以徹底讓陰鬱窒息缺氧，井裡的淚水也不得不乾涸。難怪某部電影曾經這樣說道：「世界再也沒有一個地方能像普羅旺斯，人們可以不需忙碌，盡情地享受生活。」

　　我以無比歡酣的心境，領受著普羅旺斯的陽光，然而，梨梨醬似乎對太陽不怎麼領情，吃完早餐之後，每當看到太陽公公高掛在天，她便立刻躲進屋內。這一點讓我感到非常洩氣，難得跑到這麼大老遠，身處於如此美麗的自然景致，但這孩子

多半的時間寧願待在屋子裡頭不肯出來走動，她和大部分在都市裡成長的孩子沒兩樣，被iPad、卡通、玩具和冷氣給徹底綁架！對她而言，與其蹲在陽光下觀察蚯蚓蠕動，還不如躺在沙發上看迪士尼的公主如何拯救王國來得有趣。

　　現在有很多父母經常抱怨家中的孩子，沒事就窩在電腦前面，不愛與人互動也對周遭的世界沒什麼興趣，終日沉迷在虛擬的網際網路裡。我相信這樣的生活習慣養成，必定跟家長從小給予孩子的環境有很大的關係。如果父母到了假日只想待在家裡滑手機看電視，小孩當然也不會主動親近戶外活動。

　　雖然梨梨是在都市裡長大的孩子，但我希望她熱愛大自然，並且享受簡單原始的快樂。我的童年裡幾乎沒有什麼玩具，也被嚴禁收看電視節目，唯一的娛樂就是和堂弟妹們在家附近的田野奔跑玩耍，在山坡上騎車吹風，不然就是在屋裡畫畫或看書。印象最深刻的一件事，就是曾經不小心掉進田邊的糞坑裡，當時哭著大喊救命，回到家裡洗澡時，被奶奶不斷責備怎麼可以笨成這般德行。

　　童年，應該有著無限的好奇心，冒險犯難的大無畏，以及無窮的想像力。如今看著自己的孩子，沉溺在虛擬的卡通世界裡，對於周遭的一切絲毫不感興趣，這一點讓我非常憂心。

　　於是，我決定每天下午等她午睡醒來，就要帶著她到小屋附近去探險。首先要挑戰的就是從小屋門口走出去，有一條陡長的石階，那被我稱為「梨梨醬的好漢坡」。

　　平常在臺灣坐車多於走路，偶爾週末踏青也有推車協助。梨
梨醬習慣了平緩的柏油路面，當她看到那一條石子階梯時，本能
地開始跟媽媽撒嬌討抱抱。

　　當時才兩歲四個月的她，走路還不算非常穩健，尤其特別喜
歡一邊走一邊東張西望，摔倒受傷是常有的事情。父母總是希望
自己的孩子少受一點傷，通常遇到這種容易發生意外的情況，尤
其是梨梨爸在場的話，一定會馬上抱起她，捨不得讓她跌倒受痛。

　　在家長過度的保護之下，梨梨醬走路奔跑的機會本來就不
多，更何況是面對這麼長的階梯，勢必需要一點時間來磨練她的
膽量與勇氣。本來就已經學會上下樓梯的她，走完全程的好漢坡
並非不可能的任務，只是她不相信自己可以辦到，因為大人們常

常比孩子們更沒有足夠的信心。

　　第一天當我帶她來到好漢坡時，果不其然地她開始央求我抱她，我們僵持了約莫十分鐘之久，她怎麼樣都不肯踏出第一步，甚至蹲在地上放聲大哭。我知道她還小，但我也知道她一定可以辦得到，只是她必須先克服內心的恐懼。

　　由於好漢坡的階梯是通往小鎮的必經之路，我不斷鼓勵她，鎮上有很多好玩好吃的東西，跟媽媽一起牽手慢慢走，走過這段階梯之後就帶她去買糖果。但這一招似乎沒有什麼用處，她仍然一把眼淚一把鼻涕，動也不動。

　　正當我繼續苦惱該如何利誘她的時候，剛好有一對法國夫婦經過我們的身邊，他們帶著一個比梨梨醬年紀更小的孩子，看起來約莫一歲半左右，走起路來還有點蹣跚。那孩子緊牽著爸爸媽媽的手，邁開小腳走下一個又一個階梯。

　　那畫面真的是超級強烈的對比，這麼小的孩子都願意自己走，我的孩子卻在一旁哭著要媽咪抱抱！這更加強了我堅持要梨梨醬挑戰自我的信念。

　　第一天毫無任何進展，為了不讓她產生排斥感，我決定隔日再戰。

　　第二天，我扶著她的雙手，試著引導她踏出第一階，有了媽媽的攙扶，以及不斷碎碎唸的鼓勵打氣，梨梨醬終於不再抗拒，放棄要人抱抱的念頭，嘗試踏出她勇敢的第一步（哇！超感動，當下我有點眼眶濕潤）。

「梨梨，妳真的好棒喔！好厲害唷！媽媽就說妳可以的，妳看妳真的可以。」我用非常誇張的語氣讚美她。

雖然這只是小小的一個階梯，但是對我來說，象徵著她突破了缺乏信心的障礙。於是我趁勝追擊，又再引導她往下一個階梯，就這樣走到第四階時，她開始吵著要放棄，無論我怎麼鼓勵都無動於衷。

那一刻我的內心裡出現了掙扎，該要繼續勉強她向前？或是就讓她半途而廢？

當時與她對峙的畫面，勾起我腦海中一段遙遠的記憶。過去就讀國中的時期，是聯考制度和體罰管理的年代，不知道什麼原因而被分發在升學班的我，日夜過著大考小考、補習和晚自習的生活。追分的日子充滿壓力與苦悶，所謂的目標，不單單只是聯考放榜後的志願，而是日復一日看不見盡頭的超分再超分。

最終我還是無法牢記課本裡的每字每句，我的確完成了聯考，卻也沒有達到老師和家人的期望。如今回想起那幾年的生活，竟然連一個同學的名字也記不起來，更毋論什麼有趣難忘的回憶。

成長這件事，不該是結果論，過程中的點滴才是每個人成長的養分。畢竟每個人終究會長大，梨梨醬有一天終將脫離我的羽翼，獨自走下陡長的階梯。但在她學習起步的過程，她應該從中得到的是自信，與欣賞沿途景致的趣味。

那一天我決定不再勉強她，反而是與她蹲坐在臺階上，眺望

著周遭田園、吹著徐徐暖風，她好奇地看著階梯旁的花草樹木，
東摸摸、西摸摸。

　　之後的每一天同一時間，我們都會來到這個階梯，沒幾天
之後，她完成了挑戰好漢坡的任務。為了鼓勵她，我特地帶她去
一家有許多漂亮糖果的商店，讓她自己挑選喜愛的糖果，接下來
待在普羅旺斯的時光，牽著我的手一同走過長梯，再到鎮上去溜
達，成為她非常期待的活動之一。

　　這件我們親子之間的小事件，後來對於我在教養的觀念上面
產生了很大的影響，我發現身為父母，不僅僅是要帶著孩子認識這
個世界，更是要陪伴孩子認識自己，發現自身更多不同的可能性。

　　這也促使我與自己定了一個約定，接下來要帶梨梨醬挑戰更
多的冒險！

梨梨醬的語言混亂期

　　梨梨醬從出生開始，就生長在兩種不同的語言環境之下。爸爸和她說日文，媽媽和她說中文，但對她而言，她並不知道這兩種語言有何分別，也不知道什麼叫做日文或中文，只是習慣性地跟我們對話時會用我們各自使用的語言來回應或溝通。

　　當她開始牙牙學語的時候，那是她人生裡第一次的語言混亂期。媽媽才教會她「打開」的中文，爸爸又立刻不甘示弱地教她「あげて」（日文的打開，發音：阿給爹），有好一陣子她搞不

清楚到底該怎麼講才好，自動選擇比較好發音的語言來記憶（往往中文都先被她遺棄，因為捲舌音太難了）。我為此擔心了好一陣子，但其實她默默地記住了這兩種不同的語言表達，只是中文比較晚開口。

　　隨著她逐漸長大，語言發展越來越成熟，她已經可以自然地轉換這兩種不同的語言，同時間和爸爸媽媽溝

通同一件事。她喜歡一手牽著爸爸,一手牽著媽媽,要求我們將她拋起來,像是盪鞦韆那樣地飛高高的遊戲。

「媽媽～再一次!」她看著我,這樣要求。

「パパ～もう一回!」然後隨即轉向爸爸,用日文請他再做一次。

「媽媽～妳看這個!」她指著車窗外的路燈對我說。

「パパ見てこれ!」同時也叫爸爸望向窗外。

現在的她已經能夠自然轉換這兩種語言,然而這一段演進的過程裡,是先從日文表達能力佳,中文表達能力極弱(很晚才開口,而且都是很簡短的片語)開始,直到在臺灣上幼稚園之後,由於每天接觸中文的機會變得更多,突然某一天不知道是哪跟筋開竅,開始噼哩啪啦中文說不停,句子越說越長,表達能力越來越好。

同時間又因為學校裡有英文老師,她經常接觸一些英文兒歌或卡通,雖然不能夠完整地用英文表達語句,但是能夠精準地唱完幾首英文歌曲,發音沒有太大的問題。三歲以前的她,因為環境的關係,不知不覺地學習了三種語言,儘管她並不知道這三種有什麼差異,但在她的腦袋瓜裡,已經統整了不同的表達系統。

就在我們剛到巴黎的那段日子,原本已經能用中文表達非常清楚的梨梨,從第二個星期開始,竟然說話開始結結巴巴,就連「這個玩具可以給我玩嗎?」這句話都說成「玩具……我……我……這個……」不但講得七零八落,而且語焉不詳。

那時候我們的生活裡，跟她說中文的人只有我一個人。大部分的時間裡，充滿了大量的法文、英文和日文。無論走到哪裡，聽到的都是法文，包括她最喜愛的電視卡通也是；而我和同事或朋友之間的溝通，則幾乎使用英文和日文，完全沒有說中文的環境。頓時間梨梨的語言系統完全被打亂，熟悉的中文不再是主要的接收頻道，短短兩個禮拜，她已經不知道該怎麼開口說話了。

　　時間又過了兩週，我們在巴黎待了一個月之後，她的中文能力持續退步中，日文沒有任何差異，英文變得非常好（可能因為原本就有接觸過，所以吸收較快），最讓我覺得詫異的變化，是她的法文能力。

　　大概一個月左右的時間，從那時候起，基本上是只要一個單字聽過兩次到三次，她幾乎就能記得，而且可以正確地發音或表達。這對我來說，真是天大的打擊。法文是一個相當艱澀的語言，文法陰性陽性的變化，主詞動詞的變化，過去式、未來式、簡單過去式、簡單未來式，真的是整死一堆外國人（尤其是亞洲學生），甚至有很多法國人都承認自己的文法不太標準。然而其次最難的就是發音，我一開始學法文時為了練習喉嚨裡發出的「呵」的氣音，還被老師要求每天用漱口水來漱喉嚨。

但梨梨醬度過了一個月的語言混亂期之後,大腦又自動統整好了語言系統,在每天不間斷的法文聽力環境之下,她的發音幾乎聽不出來是外國小孩,單字又記得快,讓我這位媽媽不得不感嘆年輕真好(我平均一個單字要聽過十次以上才能記得啊,泣!)。

雖然她還不會完整地用法文表達,但是她開始模仿法文的語調,搭配上一些她自創的外星話語,假裝自己跟別的小孩一樣在說法文,硬要找公園的小孩聊天,常常逗得我笑彎了腰。

更有趣的是,某一天她在睡覺時突然說起了夢話,但既不是中文,也不是日文或英文,而是一些法文單字加上聽不懂的外星文,而且是法文語調,乍聽之下好像在講法文但又是一個語焉不詳,這叫當時躺在她旁邊的我,好想把她搖醒,問她到底夢到了什麼?

後來我和某位語言學家的老師聊到這段趣事,他說像梨梨這個年紀的孩子,假如待在法國超過三個月以上,法文的能力就會逐漸開始超過中文。他和我分享了一個關於環境對於孩子學習語言的故事:

他身邊有一位同樣也是母親的朋友,法文說得非常好,曾經留學法國,如今已搬回臺灣。幾年前她生了一個女兒,盼望女兒

除了會說中文之外，也能夠學好法文。於是從她女兒出生的那天起，她每天只跟她講法文，唱法文的兒歌，看法文的卡通。如今她的女兒已經四歲，從來沒有出國過，中文非常流利，法文竟也講得跟一般法國同齡的孩子差不多。

　　從這個孩子和梨梨醬的身上我發現，孩子的記憶真的如同海綿一般，每天大量在吸收環境所給予他們的訊息。其實只要父母有心，在日常生活中為孩子創造另外一個不同語言的環境，相信任何一個小孩都能夠自然而然學會第二種語言，開啟他們語言的能力。

　　如今梨梨醬的中文能力又恢復到原來的程度，在衝破她人生

裡第二段語言混亂期之後，腦袋瓜再度自動統整出法文、英文和日文的系統模式，只是她現在經常會把英文當成法文，法文當成英文。

有一次她拿著各種不同的彩色筆到我面前：

「媽媽，這一支是pink，那另外一支的法文怎麼說？」

「另外一支是yellow，但你說的是英文，不是法文喔～」

又或是看著英文的電影或卡通時，不斷問我說：「媽媽～他們在講什麼法文啊？」

不過相信等她衝破第三次的語言混亂期，漸漸地她就能開始享受使用不同語言所帶來的樂趣。學習語言可以不用太嚴肅，讓孩子習慣多聽不同的語言，他們的大腦自然會做好系統歸類，相對地日後更能養成對學習語言的興趣和熱情。

別吝嗇給孩子讚美

法國人很愛讚美孩子。

兩歲半的梨梨醬已經懂得愛漂亮了，有一天心血來潮，要求穿著我送她的一件小公主洋裝上街，那是我送她的生日禮物，適合在party和宴會時穿的華麗衣裳，平日走在街上實在略顯招搖了些，若是在臺北街頭絕對會引人側目，想想我們在法國又沒人認識我們，就算因盛裝而受到注目又何妨呢？

那天，我們只是要去買麵包而已，走在向來穿著低調的法國人之間，更顯得她的穿著誇張，我開始有些擔心八成會引來奇怪的眼光和評論，果然有很多人忍不住回頭多看她兩眼，但是幾乎都是覺得這小孩穿這麼漂亮，應該是有party正要盛裝赴宴吧？讓我更感到意外的是有很多人特別走到我們身邊讚美她：「妳好漂亮呀！小公主」

聽不懂法文的梨梨醬，忍不住問我：「他們為什麼一直看我？他們說什麼？」

我告訴她：「那是因為大家都覺得妳很漂亮啊！」

看著梨梨踏著輕快的步伐，開心自信地往前走著，她的裙襬似乎也跟著小主人愉悅的心情舞動搖曳著，我真的很慶幸自己沒有以擔心她會引來奇怪的眼神為理由，拒絕讓她穿著喜愛的衣服，只不過是和自己的媽媽輕鬆上街走走，哪需要在意服裝打扮

是否得體？這種小事，就讓她隨自己心意，不是很好嗎？

　　法國人真的很愛讚美孩子，甚至對於陌生人也是如此。我也曾經走在路上時，遇到一位中年女性，走到我的面前來讚美我身上的洋裝。他們懂得欣賞、樂於讚美，即使不認識的人也毫不吝嗇給予話語上的鼓勵；相對之下亞洲人就似乎「惜讚如金」，很少直接讚美別人，就算是對自己的小孩子，最常聽見的讚美就是「好乖」、「好聽話」，但這好像只是因為滿足他人的期待而得到的。

　　從小到大，我們都希望討大人的喜歡，卻沒想到自己要先喜歡自己，過度在意別人怎麼看待自己，好像人生的成功與否都跟別人對你是否滿意有關。

　　我們真的應該多給孩子一些「純粹的讚美」，純粹只是讚美孩子本身，而非因為他們做了什麼我們滿意的事，應該多鼓勵他們發揮自己的

特質，例如：他們表現自己品味的打扮、展現勇敢的行為、願意挑戰未曾嘗試的新事物……法國的孩子經常因為勇於嘗試新事物和展現自己的獨特性，而受到讚美。

　　法國人多半自我意識很強，不在意旁人的眼光，很敢於表達自己，也很能尊重別人的自由；相形之下，亞洲人好像就多半比較受制於旁人的觀感，或許是成長過程裡從讚美中獲得自我肯定的多寡就是原因吧？

　　但有趣的是，法國人除了言語上不吝嗇讚美他人的孩子，也會非常主動地幫忙管教小孩。某一天我們來到巴黎左岸的一間百貨公司，門口站著好幾位安檢人員，要求檢查每一位入場客人的隨身包包。當時梨梨手中拿著一個氣球，她頑皮地將氣球的棒子放在嘴裡，安檢大哥看到她的舉動，立刻用法文說：「那個不可以吃喔！」

　　或是在機場的地勤小姐、超市服務人員或是計程車司機，看到梨梨醬有什麼不宜的舉動，便會跳過媽媽直接對著小孩柔性勸導，比如說：小朋友這樣很危險喔、小朋友這個東西不能摸喔。這一點令我覺得相當有趣，倘若同樣的情況發生在臺灣，或許會有一些父母覺得這樣太超過，甚至認為：小孩要教也是由父母來教，怎麼會是外人直接管教呢？

　　姑且毋論哪一種方式比較正確妥當，因為不同的民情文化，有不同的觀念做法。但對於當下要阻止梨梨醬不當的行為來說，旁人的勸導似乎比起我這位老媽子來得更有效果（果然是吃

定媽媽了呀）。

　　某天我和幾位姊妹淘聚會時，她們表示在餐廳裡看到一個孩子因為無理取鬧在大哭，隔壁鄰桌的客人直接走向孩子的母親，氣沖沖地對她說：「餐廳不是你們家的，可以麻煩管好妳的孩子嗎？」

　　孩子的母親因為覺得沒有面子，所以也在眾人之下斥責自己的孩子：「都是你害的！害媽媽被罵！就叫你不要再哭了。」

　　可以想像當時的場面有多麼尷尬，後來那一位孩子的確停止哭鬧了，但他可能還是不明白，整件事情最重要的是無論是小孩或大人，在公共場合的時候都需要學會尊重他人。

　　隨著在法國居住的時間越來越長，逐漸了解法式教養的最大核心觀念，就是把每個小孩當成個體、當成一般的大人來對待。在公共場合裡遇到無理取鬧的小孩，不會特別過分地包容、也不會去和孩子的父母爭辯，多半是走到孩子的面前，明白地告訴他：麻煩小聲一點喔，你這樣會打擾到別人的。

　　讚美他人、尊重他人，其實也是法式隨興的美好優雅。

梨梨醬三歲的生日禮物

　　梨梨的三歲生日很特別，剛好陪著我在巴黎工作出差，不僅僅是第一次在異地過生日，也是第一次沒有慶生派對的生日。

　　原本只想要簡單地買個蛋糕為她慶祝，但我決定要為她做一件很特別的事情，希望她能繼續保持正面樂觀的態度。

　　在她生日前的兩個禮拜，我們去巴黎的兒童樂園 （Jardin d'Acclimatation）野餐，梨梨看見一個賣氣球的小販馬上興奮地衝了過去，看著各式各樣以可愛動物和卡通人物做成的造型氣球，連我都覺得好想要一個，梨梨的目光停留在一個「氣球公主」身上，我想，剛好她的生日快到了可以買給她當作禮物，而且賣氣球的攤販在巴黎並不常見，加上她對這位漂亮的氣球公主小姐如此愛不釋手，我很爽快地就買了給她。

　　梨梨非常開心，她一手牽著我的手，一手握著氣球公主，還忍不住邊走邊抬頭望著飄飛著的氣球公主笑，我們心情飛揚地走在香榭大道上，一切都看似如此美好，突然間，她一個不小心微微鬆開了手，那一瞬間，氣球公主就這樣在我們面前飄移開來，飄到了馬路中央，身軀被車子撞擊得轉了一圈，飛到了對街，然後，就這樣越飛越高，直到看不見它的蹤影，硬生生地消失在我們眼前。

　　這一幕，讓我們母女倆都措手不及，只能張大眼睛不可置信

地看著一切發生。

　　眼巴巴地目睹心愛的氣球飛走，梨梨相當難過：「啊～媽媽，我真的真的好傷心！」梨梨似乎受到很大的衝擊，用力地抓住我的手臂，把整個小臉都埋進了我的胸前，哽咽地擠出這句話。

　　我完全可以體會她的心情，急忙抱住她安慰著：「別難過，別難過，那個小公主啊，她是要先回去告訴她媽媽，說她要去我們家住，等妳生日那天，她就會回來陪妳過生日了。」

　　也不知道哪裡來的靈感，大概因為捨不得看見她傷心自責的表情，我順口編出了這個故事。

　　「真的嗎？她真的會回來嗎？」梨梨彷彿感受到一絲希望，認真地問我。

　　「嗯～對呀！妳覺得她會回來，她就會回來囉！」

　　「那……那她媽媽住在哪裡？」

　　「住在一個山上的城堡裡面啊！」

　　「那裡離我們很遠嗎？」

　　「真的有一點遠喔！所以，她要去好幾天才可以回得來。可是妳也知道，小孩子不能不跟媽媽說一聲就去別人家住，對不對？妳自己也從來不會跑去別人家住呀！」

　　天啊！我覺得自己實在也太機智了吧！竟然可以不打草稿，馬上講出這麼合理的故事來（看來平時愛看小說是對的）。

　　梨梨果然信以為真，接下來的幾天，每天都追著我問，氣球公主到底何時才要回來？她真的會回來嗎？

　　我總是跟她說：「妳相信她會回來，就一定會囉。」

　　到了她生日那天，我特地起了一個大早，轉了兩班車，從左岸跑了半個巴黎這麼遠，專程前去兒童樂園的氣球攤位。一路上我的心情相當忐忑，好擔心氣球小販沒出來，或是那一款氣球賣完了。

　　順利買到氣球的那一刻，真的是鬆了一大口氣。

　　為了安排後續的劇情，我先打電話給一位朋友，把梨梨帶到她家去一起慶生，然後假裝有人按電鈴，要梨梨去開門。

　　「媽媽～有人按門鈴。」平常不敢自己開門的梨梨，注意到

電鈴聲。

「妳陪我一起去開門好嗎？看看是誰來找我們玩。」我牽著她的小手，走到玄關，此時氣球已經事先安置好在門外。

當她把門推開時，映入眼簾的就是她失去的氣球公主，梨梨一臉歡喜，立刻把她拉進門來，很自然地說：「妳回來啦！我剛在吃東西耶，妳要吃嗎？妳有告訴妳的媽媽，要住我家嗎？」

我的梨梨醬成為三歲女孩兒了！一千多個日子以來，她豐富了我的生命，讓我變成一個更有責任感的人。生日之後的連續幾天，她都開心地摟著氣球公主，相當珍視這失而復得的「禮物」。

後來我被朋友取笑說這位媽媽演太大，氣球再買就有，有必要如此大費周章嗎？一般來說，氣球飛走了，馬上重新買一個新的是最快的解決方式，但是我卻不想這樣做。一個氣球，雖然不是什麼貴重的禮物，但在這過程中，她所經歷的盼望，所體會到失而復得的喜悅，是多麼的珍貴。

氣球雖然無法永遠存在，幾天後一樣會消逝，但是她真的飛回來了，來陪梨梨過生日！

我親愛的梨梨醬，媽媽真正要送妳的禮物不只是氣球公主，而是一顆樂觀又懂得盼望的心，而我相信，這會比任何貴重的生日禮物，都要來得更加有意義。

 # 巴黎漫遊小日子

　　巴黎夏季的日照很長，直到晚上八點天都還是亮的，而且，巴黎人不太加班，我忙完工作回到住處才五點，還可以帶著梨梨出去玩到八點左右，我們經常搭著巴士，隨興地到處走走，幾乎所有巴黎小朋友能玩的地方都去遍了。

　　在臺北很少搭公車的我們，來到巴黎卻成了巴士常客，因為計程車資相當昂貴，尤其是碰到假日或是雨天收費更是平日的三倍，加上觀光客又多，想搭還未必搭得上；而巴黎的地鐵跟臺灣的捷運很不一樣，非常老舊、髒亂，小孩子愛東摸西摸很容易搞得兩手髒髒，而且到處都是臺階，轉車時必須走很遠的路，帶著幼兒非常不方便。

　　巴士車資相當親民只需1.8歐元，四歲以下小孩還不用錢，成了我們的最佳交通工具，我下載了一個非常便利的APP（搜尋：RAPT），只要輸入所在地和目的地就會出現路線規劃，還會告訴你巴士多久會到站，

我非常推薦給想要來巴黎自助旅行的人，這實在太好用了（大推）。

　　避開尖峰時段或是一些主要幹道，幾乎上車之後都有位子可以坐，並且沿途會經過許多觀光景點，從我們居住的左岸上車，搭乘到凱旋門的巴士，就會到藝術橋和羅浮宮，一路上可以看到很多風景，就像是乘坐觀光巴士一樣，就算沒有特定目的地，也可以搭著巴士遊巴黎。

　　閒暇的日子裡，搭著公車在巴黎漫遊，隨興地挑選一站下車，就成了我和梨梨醬在巴黎最愜意的時光。

　　我們經常搭著巴士去盧森堡公園（Jardin du Luxembourg），那裡是我在巴黎最喜愛的地點之一。夏季時有滿滿的樹蔭，到了冬季時又是另外一種不同的美景。在公園裡還有一個小朋友專屬的遊樂場，有各種不同難度的溜滑梯和攀爬區，以及小小朋友最愛的沙坑。每到週末我和梨梨醬便忍不住到那裡報到，她盡情地發洩體力，而我則樂得在一旁看書曬太陽。

　　除此之外，搭著巴士去巴黎植物園（Jardin des Plantes）也是很棒的活動，那個

植物園非常大，不只有各式各樣美麗的花卉樹木，裡面還有一個小動物園和一座國立自然史博物館（Muséum national d'Histoire naturelle）。

博物館的空間雖然不大，但是裡頭的珍藏卻是非常罕見。一走進去就能看見空中吊掛著一個非常巨大的恐龍化石，我用驚奇的眼光注視著這極為真實壯觀的龐然大物，想著要如何乘機幫梨梨上一點生物課，講解什麼是化石、恐龍現在已經絕種了……但還來不及開口，就發現她已經被嚇到哭了起來，我趕緊告訴她，這都是很久很久以前存在的動物，牠們已經不會動了，也不會突然活起來咬人（這瞬間我想起《博物館驚魂夜》這部電影），我一邊安撫她的情緒，一邊又帶著她看了如房子般大的鯨魚化石，真的是大開眼界。這個博物館很適合下雨的日子，帶著小孩去排遣時光。

或是靠近艾菲爾鐵塔的附近，有一間小型的水族館（L'Aquarium de Paris）也是我跟梨梨醬的最愛。在那間水族館裡除了可以看到許多珍奇的魚類之外，還特別設計了一個專區，讓孩子們能夠親自觸摸各種大大小小的魚隻。梨梨醬看到身邊的法國小孩們紛紛將手伸進水池裡，也想要跟著模仿，但魚群一靠近又立刻彈開，對她而言，魚兒一直都是觀賞用的，讓她觸碰時竟然卻步了。

但讓我們印象最深刻的不是水族館裡的小魚們，而是梨梨醬遇到了她的法國小王子。

　　法國小孩之間很常有肢體上的親密互動，比如剛認識的孩子也會彼此抱抱、貼臉打招呼或道別。梨梨醬的東方長相，使得很多法國小孩對她產生強烈的好奇心，不但會主動走到她面前打量她的模樣，甚至會牽起她的小手，摸摸她的臉。

　　那天在水族館裡逛到累了，我和梨梨醬找到一塊空地旁的椅子坐了下來，剛好有個約莫六歲的男孩，坐在我們的旁邊。他主動來找梨梨攀談，聽不懂法文的梨梨不知道該怎麼回應，只能對他傻笑。小男孩便主動找她一起玩，拉她到一旁去賞魚，接下來他們開始奔跑嬉戲，不知怎麼搞得最後兩人竟然互相凝視對方，

手牽著小手，梨梨害羞地對著我說：「媽媽，他是王子耶。」

　　那一刻我差點下巴快要掉下來，怎麼進展如此神速？！

　　我們的「巴黎漫遊小日子」經常有驚喜，有一次，我在日耳曼大教堂附近要搭巴士去工作，那是一間深具歷史的著名教堂，看著它古老莊嚴的建築，心想，都來到上帝面前了，怎麼能不去打個招呼呢？查了一下發車時間，大約還有十分多鐘車子才會到站，我立刻決定要趁空檔去教堂看看。

　　在教堂門口，碰到一位修女正在發送傳單，她告訴我晚上八點半會有一場音樂演奏會，非常歡迎大家來聆賞。

　　教堂裡的古典樂演奏會耶！包覆空間的共鳴度和教堂的莊嚴感，一定會是很棒的音樂饗宴，我真的好想去，可是梨梨醬怎麼辦？總不能把她一個人放著看家不管吧？

反正都來到藝術之都了，乾脆就讓梨梨醬來感受一下古典音樂的洗禮吧！雖然擔心小孩子無法忍受長時間安靜坐著聆聽音樂，但是我還是說服了自己硬把她帶去。

　　帶著梨梨來到音樂會現場，果然偌大的教堂裡就只有她一個小孩子，我特地選了第一排側邊的位子，讓她可以看得見舞臺上的演奏者，以免只靠著聽覺會讓她覺得無聊而更加坐不住。

　　那天演奏的曲目是韋瓦第的〈四季〉，看見我帶著這麼小的孩子，好幾個人特別走到我們面前，看看梨梨醬，然後又接著問我：「她聽得懂嗎？」這一問，連我都開始質疑自己帶她來實在是不智之舉。

　　演奏開始，除了隨著樂器流瀉的美麗音符，席間安靜無聲，全場觀眾屏氣凝神地沉浸在音樂的世界裡，梨梨可能也感受到這股氛圍，安靜乖巧地靠在我懷裡，但這對一個兩三歲大的幼

童來說，實在也太強求了，到後來她有點坐不住了，但只要她稍稍發出一點聲響，大家就會看我們一眼。

「梨梨妳還想聽嗎？想的話就要安靜，如果不想，我們現在就出去，好嗎？」我壓低嗓子輕聲問她。

「好，我想聽。」她點點頭。

她很乖巧地撐到十點鐘，忍不住開始打瞌睡，其實平日九點鐘她早就上床睡覺了，我知道她已經努力到極限了，我只好抱著她悄悄提前離席。

中場休息，有一位剛在臺上拉小提琴，滿頭白髮的法國奶奶，經過我們面前時，看見梨梨躺在我的懷裡，很親切地過來摸摸她的臉，親了她一下，笑著對我說：「妳很勇敢，把她帶來這

裡，但這對小孩來說是很棒的體驗。」

　　我曾經因為小孩吵鬧而有被趕出餐廳的經驗，讓我很了解她說的勇敢是怎麼一回事，萬一梨梨開始不耐煩而哭鬧時，我不但會遭到全場白眼慘遭驅離，也會因為自己毀了別人的音樂會，而相當自責。

　　好在有天父的守護，我和梨梨醬在優美的樂聲中，度過了一個特別而美好的夜晚，這樣的體驗確實在她小小的心靈起了小小的漣漪，現在我開車時，她也會要求我播放〈四季〉，邊聽著問我：「這是我們去教堂聽的音樂對嗎？是有上帝爸爸在天空的那個對不對？」

　　有時，還會在家自己假裝拉小提琴，一臉陶醉的模樣，彷彿那美好的音樂正在她的腦海播放，而那個美麗的夜晚，也會是她記憶裡很特別的一夜。

巴黎生存法則

　　講到花都巴黎，相信多數的人都覺得是一個既浪漫又美麗的都市。

　　的確，在我和梨梨醬沒有在巴黎居住生活之前，每一次我來到巴黎旅遊，都覺得這個城市美到令人難以忘懷，美得獨一無二。但是在巴黎生活卻根本是另外一種風貌，緩慢的效率、繁複的文件手續（光是銀行開戶就要兩個多月）、各種不方便（星期天超市商店都不開門、沒有二十四小時的便利商店、看牙看病要半年前預約……等），就連買個冰箱都要等一個星期以上才能送到。

　　等待，是在巴黎生活最重要的法門。沒有什麼事情可以急得來，因為皇帝不急，急死太監。就算急死了，法國人仍然用他們的步調來辦事，催也催不得。

　　所以巴黎人的隨興和優雅，和他

們的從容不迫有極大的關係。

　　法國人普遍不愛講英文，就算聽得懂，也不太喜歡開口講（不包括觀光地區的服務生）。我曾經問過一些身邊的法國人，為什麼這麼討厭英文？他們多半都回答我說，這跟歷史有很大的關係。講到這裡我就知道話題相當敏感，也就不敢再追問下去。

　　如果想要很快地融入巴黎，並且交到朋友，把法文學好絕對是很重要的一件事。我在巴黎工作時多半都是使用英文，代理品牌洽談時雖然沒有什麼太大的困難，但是如果要和對方拉近一些關係，不講一些寒暄的法文是不行的。

　　巴黎人很喜歡聊天，更喜歡抱怨，如果可以跟他們一起抱怨交通、天氣、政治、罷工，不用多久立刻便能找到共鳴，說不定還能交上朋友。無論走到哪裡，咖啡店、餐廳、麵包店、超市、美容院，法國人都會很樂意教導外國人如何講好法語。

　　早晨我總是會到住家附近的一間咖啡館買咖啡，但我始終不會講「外帶」的法語。課堂裡教的單字雖然學了很多，但日常生活裡的用語卻無法一網打盡。某一天我終於忍不住問了咖啡館的老闆，能不能教我「外帶」這個單字，就連咖啡廳裡的客人和收銀臺的夥計，全都一起加入了教學的行列，三人一同糾正我的發音，還反覆陪我練習。還有一次我預約了美容院，但因為路程當中有些耽擱，準備打電話告知對方我將會遲到，但我的文法顯然不太正確，抵達美容院之後，美容師主動教導我以後該怎麼正確地用法文表達「我將會遲到十五分鐘」這句話。

　　只要敢開口問，法國人會非常樂意教你，甚至會開始滔滔不絕地跟你聊天。

　　我們在巴黎的生活凡事都要自己動手，還吃不太習慣法式料理的梨梨醬，有時候會吵著想吃中餐。所以我們時常會去歌劇院區的日本超市買菜，可以選購青菜、豆腐、魚類回家自行料理，若是去法國超市，除了花椰菜以外，很難買到我們常吃的那些蔬菜，多半只有萵苣之類做生菜沙拉用的青菜。

　　逛超市時，自助式的購買方式輕鬆自在，但是去麵包店就要理解當地文化的不同，記住！要店員幫你服務時，一定要先問候一句「Bonjour！」（日安，你好！），否則大概不會有人理你。

　　如果你一句法語都不會，也一定要把「Bonjour！」學起來，那是在法國必備的「發語詞」，法國人很喜歡彼此問候，你

在外面無論要辦任何事情，如果不先問候一句「Bonjour！」可能不會有任何人理你。

我剛到法國時就曾經在一家麵包店，自認為很有禮貌地微笑著跟店員點麵包，結果店員瞪大眼睛看著我片刻，彷彿在等我說話一樣，我又重複說了一次我要點的麵包，她很刻意地對我說：「Bonjour！」像是在提醒我似地，然後才幫我拿我要的麵包。原來在法國不先打招呼就直接開口講自己的需求，是很不禮貌的行為。

法國人如此重視問候時的禮節，但是在日常生活上卻又不似臺灣和日本這麼講求禮讓，在巴黎幾乎很少有人排隊，在路邊叫計程車幾乎是用搶的，使用ATM提錢若是太慢也會被催促，後面等候的人甚至會虧你，帳戶沒錢就不要來提款。

在巴黎生活或是工作需要花一點時間適應，因為那跟我們對浪漫花都的想像可能不太一樣，觀光旅遊去的都是漂亮的地方，有很棒的觀光景點和收藏豐富的美術館，到處都是有人文色彩的

咖啡廳與俊男美女，但是長住的話就會發現巴黎其實很小，人口密度過高又有各式各樣的人種，滿街的觀光客壓縮到巴黎人的生活空間，大家都變得很強悍，那是一種巴黎生存法則。

在巴黎可以明顯感受到他們對外國人的冷漠，可能是因為觀光客太多的原因，除非到一些熱門觀光景點的餐廳或商家，能夠感受到他們對於觀光客的親切之外，基本上深入巴黎的生活之後，就會發現巴黎人對於外來的觀光客總是抱怨不已。但是只要一離開巴黎，無論到任何城市，便能感受到法國人的熱情和親切。有一次，我到一個小鎮拜訪朋友，在車上等待她和小孩來跟我會合時，忽然有一位老先生敲我的車窗，我本以為他正準備抱怨我不該把車停在那個地方，但竟沒想到放下車窗之後，老先生熱心地問我是不是車子拋錨了？是否需要幫忙推車？

還有一次，我陪朋友去郵局領包裹，郵局櫃臺一看包裹編號發現是在另一個分局，我們不知道怎麼去，櫃臺人員也說不清楚，我看了一眼後面還有好多人在等待，心想大概快要有人開罵

了，沒想到不但沒有人不耐煩，反而是整個郵局的人都在幫忙，想幫我們這兩個外國人找到最便捷的路徑。

　　無論在巴黎或是鄉間，法國小孩不僅比亞洲孩子體型高大，也顯得比較獨立早熟、性格強悍。

　　在公園裡溜滑梯時大家都是用搶的，如果動作慢一點，後面的小孩就會毫不猶豫地把你推下去。

　　小孩子玩耍時，大人就在旁邊坐著看書或是聊天，完全放任小孩用自己的方式互動，就算有紛爭也不主動插手干預，希望小孩子自己想辦法解決。

　　有一天在公園，梨梨在沙堆裡蓋了很多沙屋，突然有一個法國小女孩跑過來，用腳把剛蓋好的沙屋一個個全踢倒，她的媽媽

就坐在旁邊看著這一切，但是完全沒有制止。

還有一次，梨梨把帶去公園的玩具放在一旁，立刻被一個小男孩拿走了，她很生氣急得用中文大喊：「還給我！」同時還發出尖叫聲。

小男孩的爸爸並沒有要求自己的小孩把玩具還回去，反而教導梨梨說：「妳不要尖叫，這樣他不會懂，妳要叫他還給妳。」

我趕緊跑過去告訴這位爸爸：「不好意思！她不會講法文。」

於是我叫梨梨對小男孩伸出手，運用肢體語言來要求他把玩具還來。梨梨還是有點害怕，所以退後了幾步才伸出手去，但是她堅決的態度和眼神，讓小男孩也感受到了她要把玩具要回來的決心，終於把玩具還給她了。

梨梨醬是典型的獨生女，在家裡像小公主般受寵，跟同齡小孩的相處不多，也不太習慣分享，更別說要自己處理這種紛爭。

在巴黎居住的前兩週，梨梨醬非常不適應這種狀況，幾乎每天都在哭，時常吵著要和她在臺灣的小朋友視訊。到後來，她在公園玩時遇到有人要推她，已經懂得要立刻叫對方「停止」，不讓自己再受欺負。

這讓我想起電影《侏儸紀公園》的名言：「生命會自己找出路（Life finds a way）。」

生存環境會造就人的性格，在法國的這段日子，讓我學習得適時當個能夠「袖手旁觀」的媽媽，也培養了梨梨醬保護自己的能力，雖然過程吃了一點苦頭，但還是很值得。

在巴黎流淚

對你而言，眼淚的意義是什麼？

我這樣問，但我並沒有答案；它既複雜又神祕，谷歌大神也無法三言兩語。尤其是長大成人之後的眼淚，是悲是喜，是追憶是惋惜，又或許只是剛好一個月一次的經期。

但，對於三歲的小女孩來說，眼淚非常簡單，多半表達著委屈或抗議，或是耍耍可憐的小心機（當過媽媽都懂的啊）。

為什麼突然講到眼淚呢？梨梨這幾天變得很愛哭，可能是因為學校生活裡的不適應，以及環境變化所累積的各種壓力，開始慢慢在發酵。她的眼淚因為生活體驗，多了不同的情緒和滋味。這幾天，她為了很小的事情而哭，而且幾乎是她原本不太在意的破事兒。

　　我知道，過了新鮮期，她已經正式邁入了最難熬的適應期了。

　　週末這兩天閒閒沒事，本想就在家好好休息磨蹭，經過了上週的生活變化，對於我和梨梨小姐而言，內心都像是洗了一場三溫暖。但不知怎麼地，她顯得異常興奮，一早眼睛才睜開，便不斷追問今天要去哪裡、要做什麼。最後實在被她盧到頭疼，決定帶她去公園野放，順便外出覓食。

　　巴黎的夏天已經進入了尾聲，儘管陽光普照，但迎面而來的涼風，散落的一地楓紅，讓我本能地想起了中秋節時的賞月烤肉。風兒呀，吹得思鄉之情越來越濃。

　　這時候當然要去中華餐館點碗餛飩麵來解一解鄉愁，只可惜那天餐館沒有營業，途中經過了一間韓國料理店，也就將就湊和一下。

　　餐廳很小一家，店內總共只擺得下五張桌子，就像是臺北街頭轉角的麵店那般；沒有精緻的裝潢，樸實又親切，韓國老闆負責跑堂，韓國太太負責廚房。沒有窗的屋子裡，空氣瀰漫著難以抽離的油煙。

　　店內有一桌都是韓國客人，講著韓文，他們點了招牌的韓國

炸雞和韓國清酒。有兩桌法國人，講著法文，點的都是套餐（前菜、主菜和甜點）外加白酒。又有一桌客人講著拉丁文，他們點了煎餃和泡菜。再加上我們這一桌講中文，點了韓式烤肉和泡菜豆腐鍋。不到三坪大的餐館裡，各種不同文化風情，也顯示不同國家對於韓國料理的認知差異。

這是巴黎生活的寫照之一，文化大熔爐。

當我們離開餐廳時，梨梨小姐順手從桌上拿了一根牙籤，就這樣邊走邊往嘴裡轉呀轉。來往的路人從她身邊經過，我生怕一個擦撞會刺到喉嚨，於是跟她解釋這樣很危險，請她把牙籤先給我保管，回家再給她。

她乖乖交出了牙籤，沒多說什麼，但不一會兒，她突然開始大哭。我一邊安撫著她，一邊牽著她的手穿越斑馬線，她仍然在哭泣。

這個時候，一位朝著我們迎面而來，同樣正在穿越馬路的中年法國男子，身材瘦高，穿著運動T恤和短褲，頭髮非常凌亂，半彎著腰，突然大聲地對著梨梨小姐說話：

「小女孩，妳不要哭！流淚只是在浪費妳的生命，妳明白嗎？眼淚只是一種浪費而已，妳懂嗎？」

短短幾秒鐘的擦身而過，這位陌生人竟然對著三歲孩子說了這樣一番哲理。他完全沒有駐足，也沒有回頭，就像是郵差經過家門前，流暢地扔了一份不具名的信。

梨梨小姐的眼淚，成功地被這個突如其來的情況給止住，無

奈糾結通通拋在腦後。她問我，「媽媽他在說什麼？」

「他說不要哭喔，在路上走路時不要用牙籤，會受傷喔。」

原諒我的白色謊言，因為這位陌生人的哲理，連我活到這把年紀都不知道該怎麼解釋才好，更別說對於三歲的孩子。然而在巴黎，經常會像這樣沒頭沒腦地，聽到一些人生哲理。比如搭地鐵的時候，會有人突然上車之後就不斷在車廂裡來回走動，大聲發表言論，關於他所認為的人生；在公園裡，會聽到媽媽跟小孩解釋關於愛和思考對於生命的意義。

法國人最有自信的，是他們的自由，尤其是言論自由。但他們不是隔著螢幕鍵盤來發言，而是看到什麼就講什麼，大聲講，毫無忌憚地講。只要你願意聊上幾句法文，什麼話題都能跟你滔滔不絕（最強大的就是無止境地抱怨）。

對於巴黎人而言，走在巴黎街頭，驚喜的不是那些令人讚嘆的建築古蹟美學，而是一個擦身或一個轉頭，一句句被投來的人生哲理，難忘又難懂。

法國兒童超獨立

法式教育強調要趁早培養孩子的獨立性，他們不把小孩當小孩看，而是把他們視為一個獨立個體，父母會尊重小孩的自主權，從小就讓他們照自己的意思來搭配衣服，讓他們使用和大人一樣的餐具，讓他們擁有獨自的房間和臥床，幫他們購買專屬的香水，也要求他們要自行處理很多事情。

法國父母和亞洲父母對待孩子的方式截然不同，像是在公園裡見到孩子被推下溜滑梯這種事，若是發生在亞洲，父母怎麼可能視而不見，不但會去保護自己的孩子，也一定會指責推人的孩子，也會怪對方的父母沒好好管教小孩，往往最後演變為大人們的戰爭。

法國幼稚園會要求學童在入學前必須先買好保險，因為擔心小孩在玩耍時不小心弄傷其他的孩子，原本我覺得很不可思議，上個學還要先買保險，校園那麼危險誰敢把孩子送去啊？但是當見識到小孩子在公園裡推來推去的狀況，我終於知道學校為何會有這種要求了。

如果去一趟幼稚園，你會很驚訝地發現那些幼兒跟同齡的亞洲小孩比起來，簡直就是小大人。他們自己吃飯、穿鞋、上廁所，法國老師不會幫家長照顧小孩吃飯、上廁所這種生活瑣事。即使是三歲的孩子，上幼稚園的時候老師會要求必須戒掉尿布，

而且必須要自行如廁。以法國家長的標準來看，三歲的孩子要學會的不是第二語言、大腦潛能開發、才藝技能，而是基本的生活能力。上幼稚園的目的就是脫離父母的完全照顧，要開始懂得照顧自己。這對把孩子捧在手掌心、無微不至呵護的亞洲父母來說，真的很不可思議。

當我們還拿著湯匙追著孩子求他吃飯時，法國爸媽早就把飯直接收走了，因為那是你自己決定不要吃的，絕對不會有人求你吃。

法國小孩很早就要學會照顧自己，但在課業上的學習卻比較晚開始，在上小學前是不教小孩拿筆寫字的，他們不喜歡小孩學過多的東西，比較鼓勵他們盡情使用感官式的探索，用鼻子去嗅聞，用手去抓東西、用耳朵聽音樂、用眼睛看圖畫，試著自己去感受許多事物，自己去經歷體驗，而不是在課堂上由老師來告訴他們。

　　我很認同這種自由派的教育方式，小孩在玩耍中就能學會好多事情。他們就像是一塊海綿，只需要放在適當的環境裡，自然就會吸收對的東西。

　　梨梨醬在法國時法文學得比我還快，英文也進步很多。

　　在臺北過馬路等紅綠燈時，她習慣跟著顯示的數字倒數讀秒；法國紅綠燈沒有讀秒功能，有一次我們正在等著過馬路，她自己就開始用法語讀秒，聽見她唸出法語的一、二、三……我好驚訝，因為我根本沒教過她這些。

　　「梨梨，妳怎麼會的？好厲害喔！」我真的很好奇她哪裡學來的。

　　「一、二、三……」她用唱的回答我，啊！原來是之前買

給她的一本法文書裡有教唱法文數數兒。

有時候試著把過多的保護傘拿開，讓孩子自己去嘗試探索，會發現他們的適應力其實比大人還強。

第一次去法國時梨梨醬還很依賴我，常要媽媽幫忙做很多事，如果要她自己來就會哭著撒嬌耍賴皮。這一趟我就完全不帶推車，就算要走很遠的路也堅持不抱她，如果真的走不動了，我們就在路邊等她休息夠了再走，儘管她有時也會耍點小詐演肚子痛想討抱抱。

「不行呀！如果媽媽抱妳走，那媽媽的手也會受傷痛痛。」我握住手臂露出會很痛的樣子。

「那……我不要媽媽手痛痛。」梨梨展現小金牛女孩的貼

心，站起來牽著我的手。

　　原本我也很習慣抱著梨梨醬到處走，在臺北街頭四、五歲都還讓爸媽揹著、抱著的孩子到處可見，但是在法國，我抱著三歲的梨梨就會引來質疑。

　　「妳女兒已經三歲了，怎麼還抱著她？」

　　三歲，我們總是說，她還小，她「才」三歲耶！但他們會說，她「已經」三歲了，夠大了，應該懂很多事了。

　　梨梨醬有嚴重的起床氣，如果在睡夢中突然被叫醒，甚至會氣到拳打腳踢，我就曾經在車子快到站時硬是叫醒她，被她可怕的起床氣打敗過。為了避免再掃到小睡美人的颱風尾，我決定在該起床前十分鐘就先放些音樂，讓她先為起床「暖身」

一下，等一下就會不覺得是突然被硬生生瞬間從夢鄉拉起來。

當我正感到自己也實在太體貼入微、善解人意時，旁邊的一位法國媽媽忍不住問我為何要這樣做？我就把原因告訴她——這是因為要避免等一下梨梨起床時會生氣。

「噢，不！妳不應該要怕她生氣，妳要告訴她，她不可以為這個生氣！」

法國媽媽覺得要避免她生氣的方法，就是要明確地讓她明白「妳不可以發脾氣」，而不是為了擔心惹怒她，就這麼溫柔地配合小孩。

在法國爸媽眼中我們對小孩的方式太過柔性，替小孩想太多也做太多了，同樣的事情，他們會直接要求小孩自己做好。

我嘗試用法式教育對待梨梨醬，一方面也因為在巴黎凡事我都得自己來，確實也需要她當我的小幫手。以前在臺北吃飽飯，她就會把碗留在桌上，現在我會要求她自己拿去流理臺放好，等我收好碗盤時就給她一條抹布，先去幫忙擦桌子，然後再拿著菜

　　瓜布和我一起洗碗。雖然她只負責用洗碗精稍微抹一下,主要還是我在沖洗,但重要的是讓她習慣要和媽媽一起分擔家事。

　　有一次我在臉書Po了一張梨梨掃地的照片,馬上有粉絲說她也曾教女兒掃地,但是小孩根本掃不乾淨,我馬上回應鼓勵她:「本來就不要期望孩子會一下子就掃得很好,但是我相信多掃幾次她一定會一次比一次好的。」

　　「父母少做一點,孩子就多成長一點。」這是我的心得。當

我開始讓梨梨自己完成一些事情時，發現她也能從中找到自信和成就感。亞洲父母很容易因為少幫孩子做了什麼就產生罪惡感，但其實什麼事情都擋在前面幫她處理好，反而是在剝奪她成長的機會。

小孩和父母都是從經驗中學習的，很多人覺得帶小孩搭飛機像一場惡夢，我也曾經遇過她在飛機上失控的情況。但隨著我們一次次地遠征出走，梨梨醬已經是搭飛機的老手，漸漸地對搭機流程相當清楚。她一上飛機就會自己繫好安全帶，我也有備而來把黏土、畫筆、貼紙簿全都帶著，前一晚讓她玩到凌晨三點才睡，所以一上飛機就先睡了三小時，醒來就先看電視、吃東西，玩一下黏土、貼紙，帶她在機艙走一走，玩累了就繼續睡，一路睡到臺灣，全程完全處於簡易操控模式。但這些都是一次次經驗累積下來，才磨出的默契。

還記得有一次飛行過程中她一直想按服務鈴，我反覆告訴她那個按鈕不能亂按，但無論怎麼好說歹說，她還是很想嘗試。「你按了這個按鈕之後，會有阿姨過來喔。」我認真地看著她，她也睜大眼睛看著我，彷彿我說的話更加引起了她的興趣。這時候如果一味地阻止她，只是讓她的好奇心更加旺盛。於是我說：「妳不信的話，妳就試試吧。」

她一聽到這句話，想也不想地立刻按了，不久之後空服員走到我們的位置旁，詢問我們有什麼需要服務的，我對著空姐說：「妳要問這個小孩喔，是她按的，我也不知道她有什麼事。」

當空服員阿姨看著她時，梨梨真是尷尬極了，連個聲音都不敢哼，而空姐也很配合地對著梨梨醬說：「小朋友，以後有需要阿姨再按這個鈕喔。」

那次經驗後，她再也不敢亂按任何按鈕。讓她自己面對自己製造的狀況，她自己就會記得這個經驗，比起我幫她收拾或是說教更有用。

畢竟很多事情孩子遲早要學會，不如趁早讓他們開始練習，或許現在會覺得有些殘忍，但是他們以後一定會感激。

法國孩子的早熟，從他們很小就開始談戀愛中可以看出來。我有一個法國朋友的兒子，才幼稚園中班就有女朋友了，兩小無猜甜蜜交往一星期後，他回家告訴媽媽：「我失戀了。」因為女友直接告訴他已經不想在一起了，理由是：「你值得更好的。」

是不是很早熟？無論是要在一起，或是拒絕，都能夠自己去面對和處理，這是很多大人都未必能做得好的事。

在法國很少看見情殺的新聞，或許是因為他們很早就開始談戀愛，對於愛情的到來與逝去都被鍛鍊得比較能夠泰然處之，人格的獨立性也讓他們比較不容易和另一個人建立過度依附的關係，以致一旦分開就天崩地裂。

我很喜歡他們自由開放的教育方式，很早就鼓勵孩子去嘗試，不要害怕失敗，無論對人或事都能很早就找到自己的喜好。他們陪伴孩子找到自己的興趣或專長，建立孩子自我認同的價值觀，不隨波主流，敢與眾不同。

法國人很在意讓孩子培養獨立的人格，每個人都有自己的一套生活哲學和自我中心思想，不太容易受別人影響。法國人不會一直滑手機，尤其在餐桌上那是很沒禮貌的行為，我身邊有許多法國友人和同事都不愛使用臉書，沒有花很多時間在社群網站上的交際，他們的說法是，比起去關注別人的生活，他們更在意和家人、朋友相處的時光。我的有機嬰兒按摩油供應商桑德琳女士，下

班後永遠不會回訊息。我的法文老師也是一樣，原本我希望到了
巴黎居住之後，他可以用線上教學的方式繼續完成課程，但因為
法國和臺灣的時差，我在法國的白天正好是他和家人在臺灣共享
晚餐的時段，打擾到他的家庭生活，這讓他很為難。

　　對他們來說工作絕對不是人生的全部，職業更不是衡量貴賤
的標準，比起名片上的頭銜，他們反而更看重你的人格特質。一
個談吐幽默有內涵，散發不凡魅力的人，反而更受人尊重。

看見勇敢自信的梨梨醬

　　相信不管到了幾歲，每個人的心中仍然住著一個小小孩，只是隨著生活的變化和消磨，逐漸忽略了她（他）的存在。然而直到梨梨來到我的生命裡，又再度讓我回想起那遙遠又美好的童年，以及曾經的小小遺憾。

　　和梨梨小姐在巴黎的頭一個月，我們一起經歷了許多事情，她的轉變和成長，彷彿是剛從土裡冒出來的新生枝芽，在教養之路上捎來了春天的氣息。

　　在臺北總是被小心保護、被眾人疼愛的她，在我的心目中是一個嬌滴滴、秀氣又小心謹慎的小女孩。無論處於任何環境，她彷彿都活在自己的小宇宙裡，一個充滿粉紅色泡泡的公主夢世界。

　　我從來沒有試圖想要改變過她，認為那是她與生俱來的性格特質，但我卻沒有意識到，其實是我給予的環境造就了她的性格。更讓我恍然大悟在過去的日子裡，我對自己孩子的保護以及周遭的育兒方針，在無形中給予了她過多的侷限。

她在巴黎的這一個月，硬生生地從一個公主變成了女漢子。

　　還記得剛到巴黎的第一週，她每天在巴黎的公園裡大哭。面對比她高大又強悍的小孩，再加上語言不通的情況，她顯得既挫折又恐懼。我知道我可以直接帶她回家，因為這樣對她或對我來說，都是最輕鬆的解決方式。但我更希望她可以藉此學習如何面對及克服挫折感，以及該如何用正確的言語或肢體表達，來告訴對方自己的感受，又或是該如何去主動認識新的朋友。最重要的是，不可以退縮，不能輕易屈服於挫折感，敢於嘗試的精神。

　　離開舒適圈，不正是要磨練嗎？

　　經過了一週的試煉，她的膽子越來越大，勇氣越來越足，對自己的自信明顯地比起以前多了許多。而這些新增的自信，也幫助她跨出了另外一個大步，她開始願意嘗試過去感到懼怕或猶豫的遊戲設施。

　　變本加厲地，她開始吵著要騎馬、吵著要嘗試泳池旁超級陡的滑水道、吵著要爬高的吊橋、吵著要跟大小孩們一起挑戰轉速非常快的轉盤設施。

　　多少次我驚訝到下巴都快闔不攏，這是我的孩子嗎？這是梨梨公主嗎？但我沒有阻止她，只要在安全範圍內就應該放手，於是我眼巴巴地看她挑戰自我，順便練練老媽子的心臟。

　　千萬別小看自己的孩子。

　　上週她在盧森堡公園裡騎馬，身旁比她大的孩子哭鬧著，只有她神色自若，一臉興奮。這是她第三次挑戰騎馬，所以她選了

一匹特別大的馬，顯然對自己很有自信。長達二十分鐘的騎程，每個孩子的父母都跟在旁邊，馬兒行進著，父母的腳步也沒停下。

梨梨對自己的自信，以及她明顯的蛻變，也使我對她產生了一股放手的信心。我選擇坐在終點站等她歸來，我不斷告訴自己，不要這麼保護，不要害怕，要相信自己的孩子。

然而我仍然忍不住地遠遠望向她，生怕她會不會突然要找媽媽，或是突然有什麼狀況需要幫助。在我腦海裡，她仍然是那個動不動就哭哭啼啼找媽媽的小女孩……

但映入眼簾的那一幕，卻是她微笑昂首騎著馬的模樣。也就在那一刻，我生平第一次內心衝出了這樣的一句話：「女兒，媽媽好以妳為榮！」

記得我的童年裡，極少能聽到父母或長輩對我說：「孩子，我好以妳為榮。」多半得到的讚美都是「妳好

乖」、「妳好棒」、「妳好聽話」、「妳好用功」。因此我也盡量試著去滿足大人的期望，去成為一個好乖、好棒、好聽話的大人。我的自信來自於別人的肯定，而非來自於自我本身的認同。

如今自己成為了母親，有時候真的很希望孩子可以聽話、可以乖一點，尤其當她因為好奇心而不斷去玩電燈的開關、當她故意反抗妳想看妳生氣的表情、當妳忙著煮飯工作時她偏要盧妳一起玩……等，讓我的脾氣和耐心經常都在斷線的邊緣。

但我知道她只是在探索，只是想要知道更多關於這個世界上不同的事物和結果。如果在不觸及他人或自身的危險之下，不造成旁人的不便或困擾，我應該努力收起一層層的防護網，讓她可以更有自信地去開發自我潛力。

從前她特別怕水，我就時常帶她去游泳，先讓她在淺水池裡玩玩具，等她習慣在水裡玩之後，就試著帶她去深水游泳池。那裡面有人造波會一直把人往前推行，這原本讓她很害怕，一直抓住我的手不願意放開，但她看見前面有一個坡度很陡的滑水道，有許多法國小朋友會爬上高臺從上面滑下來，直接落進水池裡，看起來既刺激又好玩。

「媽媽，我也想要滑。」

「不行啦！那裡太高了，連媽媽也不敢滑。」

「我要，我敢滑。」

我問了她好幾遍，希望她打消這個念頭，但是她的回答卻是一次比一次更堅定。

深吸一口氣，我告訴自己要試著學習放手，至少先帶她上去看看，當她發現真的很高很陡時，或許就會自動放棄了。

　　當我牽著她爬上高處看著陡峭的滑水道時，忍不住再問一次：「妳確定要從這裡滑下去？這裡很高唷，妳真的可以嗎？」

　　「我要，而且我可以！」她很認真的告訴我。

　　我看見下面水池裡有一個爸爸，便伸手指指梨梨醬，示意他如果等一下梨梨滑下去時，希望他可以幫忙接應一下。

　　當梨梨滑下去那一刻，我緊張得心臟都快蹦出來了，眼睜睜看著她從滑水道衝下去，砰一聲掉入水池。雖然那位爸爸立刻把她從水裡一把拉起來，但是還是免不了喝了幾口水，被水嗆到的她哭著說以後不要滑了，我馬上安慰她，並且告訴她，她真的好勇敢！做了一件連媽媽都不敢做的事。

　　梨梨小姐，媽媽知道妳想挑戰的還有很多，尤其當妳看著巴黎街頭孩子們騎的滑板車，我知道妳很想跨越這個障礙，因為妳曾經挑戰失敗過。爸爸已經偷偷幫妳準備好了這個生日禮物，並且他將一同陪妳克服這個挫折。我們除了想跟妳說兒童節快樂之外，更想大聲地告訴妳：「孩子，我們以妳為榮！」

　　「勇氣」是我很希望能給孩子的特質，有勇氣的人眼中無難事，即使遇到困難也會更有面對的力量。

⚓ 梨梨小姐‧巴黎入學記

　　嚴格來說，今天是梨梨人生裡很重要的里程碑，因為她這次真的讓我刮目相看。這位小姑娘開始了在巴黎的學校生活，這對於完全不會講法文的她，可以說是極大的挑戰。

　　昨天傍晚先帶她去學校熟悉環境和老師。老師很親切，知道我的法文還在龜速慢爬當中，體貼地夾雜一些英文來溝通（所以說法國還是有好人啊）。

　　公立幼稚園非常大，有室內和室外的空間，光是戶外就如同一個公園般的大小，有溜滑梯、球場，還有一棵榕樹。在寸土寸金的巴黎，公立幼稚園的佔坪竟然如此海派，這一點還滿令我感到意外。

　　梨梨大概花了三十分鐘之後，才慢慢卸下心防，當她看到孩子們在庭院裡玩呼拉圈，立刻放棄當個黏人的無尾熊，乖乖從我身上爬下。

　　老師們都很和善也很活潑，沒什

麼威嚴，也幾乎相當年輕。金髮藍眼的莉亞老師，被主任指派照顧梨梨，她一一向每一個小孩介紹梨梨小姐，告知大家這位是新的同學，請大家主動找梨梨一起玩。小朋友儘管語言不通，但幾個玩具便能拉近彼此距離，老師也展示了大方的社交示範。

回家的路上，她看起來有點疲累，拖著腳步，我能夠明白她的感受，經過雜貨店時刻意買了一顆她喜歡的糖，手牽著手一步步往家的方向移動。

「梨梨，媽媽知道聽不懂人家在講什麼，人家也聽不懂我們講什麼的感覺，很累、很生氣、很挫折。」我對她說。

「其實……偷偷跟妳說一個秘密。媽媽很多時候，也都聽不懂人家在講什麼。像今天店員叫我辦會員卡，她講好快，我都不知道她想講什麼！我就一直笑、一直笑，跟她說我聽不懂。」我故意模仿店員講法文的模樣，梨梨笑了出來。

「妳小嬰兒的時候也不會講話喔，但妳每天聽、每天聽，就變成現在這麼厲害。所以我們不要覺得很挫折，不要生氣，聽不懂很正常，而且我們很快就會聽得懂了。」

我蹲下來看著她：「媽媽陪妳，我們一起加油！我們看誰先把法文學好～妳今天都沒有哭，最勇敢了。」她對我點點頭。

早上送她去學校，她用跑的，完全沒有上演磨人的戲碼。到了學校主動牽起老師的手，換上了小背心、別上名牌，還跟著老師去更衣間掛好書包，接著找了桌子坐下開始畫畫。

這位小妞相當淡定，就連我要離開的時候，也完全看不出任

何情緒。中午我傳了一封簡訊給老師，關切她是否一切都好。

老師說：「她早上在玩，只有後來坐校車出去的時候，在車上哭了一下下。一切都很好，她早上玩了工具的玩具，午餐她自己吃飯都不需要幫忙，一切都很好。」

這女娃，比我想像的還要勇敢堅強！然後偷偷告訴你，當我打完這篇文章之後，竟然不爭氣地哭了出來……

媽咪不要哭

早晨曖昧

昨天梨梨下課回家後，樣子看起來沒什麼異狀，很開心很滿足的模樣，離開教室時還跟老師擊掌拍手，問她有沒有哭，她堅持說沒有（但明明就有）。

今天早上出門上課，稍微賴床了一下，但去學校的路途中一臉興奮，還一直比讚。到了學校一看見玩具，立即忘了媽媽，頭也不回。

我不難過，也沒什麼糾結，我知道我終於出運了！來來來～快跟我說說什麼是寶可夢？怎麼那麼紅？是用手抓嗎？

送完她上學，前往工作的沿路上，總會經過一家小咖啡館。那裡的客人只有忘年人（六十歲以上），而且老闆煮的卡布奇諾，每次味道都不一樣；有時沒有奶泡，有時還亂加奶精，一下很小杯、一下又很大杯，她也習慣了邊煮咖啡邊跟我道歉。

但我很喜歡去，非常喜歡，在那裡有一股沉穩的安心感，讓我想到家鄉裡的奶奶和爺爺，還有許多長輩們。巴黎很多地方很美，但最美的永遠是稀少的人情味。我喝的不是咖啡，而是思念。

今天早上咖啡館裡只有兩位客人，一位大叔和一位大姑，約莫六十歲出頭。

　　金髮大嬸打扮得很乾淨又細緻，看似香奈兒的唇色；左手無名指上戴著年輕設計師的四環戒指，右手戴著兩條手環，有在跟流行。她的脖子和臉部都已經皺了，但她仍然很美，她穿著黑底紅碎花的長洋裝，外搭一件黑色小外套，還有一個黑色女用公事包。年齡在她身上，完全被她的自信所掩蓋。

　　好美啊～我忍不住偷瞄，她優雅地對我說了一聲Bonjour。

　　在咖啡吧檯的另外一端，也是咖啡廳的角落處，坐著另外一位叔叔。他的打扮隨興，不修邊幅，很像是剛起床出門來喝咖啡。他一邊翻著早報，一邊用英文跟我說Good morning。

　　此時老闆娘煮好了咖啡，同時端到他們的面前，大叔突然對老闆娘說：「她那一杯算我的。」

好帥氣的大叔啊，一早就開始把妹，我心想。正以為大姑會羞紅了臉，回他一句：「哎呀！這怎麼好意思！」沒想到她激動地說：「我不要！我說不要！我說不要！不要！」

　　大姑毫不留情面，先是連續給了大叔好幾巴掌地決斷，接著她又對著老闆娘說：「我說不要！我說不要！不要喔！」

　　她的口氣簡直像是有人要逼她喝下農藥，但就僅僅是一杯咖啡。傳說中的法國女人相當高姿態，氣焰甚高，要求男女平等，一起吃飯也會要求自己付自己的。大姑果然是高段班的資深美魔女，連杯七十塊臺幣的咖啡都不給面子；姑喝的不是咖啡，是她的自尊。

　　還以為氣氛會很尷尬，但大叔也沒多說什麼，繼續看他的早報，嘲笑老闆娘依然不會煮我的卡布奇諾，還烙英文對我說sorry，而大姑演完法式武媚娘之後又變身回香奈兒，一切都沒發生過。

　　然而今早的卡布奇諾詭異到一個離奇，根本是奶精加牛奶再加美式咖啡。老闆娘自己都不好意思了，大姑和大叔笑成一團，更詭異的是，當我準備付錢離開時，他們開始打情罵俏了起來，互相讚美彼此的優點；世間男女的愛恨情仇，不分國界和種族，一樣令人難以參透。

　　美好的一天就從這間忘年咖啡館開始，每天都有好戲可以看，法國人的直率，讓人與人之間的相處，多了許多真實。

　　P. S. 大叔啊，大姑不讓你請，其實你真的可以請我喔，亞洲女生很給面子的，哈。

⤵ 多莉會怎麼做？

曾經有人說過，每換到一個新的地方生活，就像是人生又從頭活了一次。

像孩子般地重新學習一個語言，重新認識不同的世界、新的朋友，重新開始打造一個生活圈，並且重新學著生存。

過去幾十年來所累積的生存本領，幾乎要打掉重練。特別是在沒有親友協助的環境裡，僅僅是完成生活裡的一件小事情，便足以感到至高無上的成就感；相對地，小到不足掛齒的鳥事，好比燈泡壞了、吸塵器壞了，這種明明在臺北就能用肚臍解決的問題，卻輕而易舉地瓦解一個人的自信。

這個週末，我買了一臺腳踏車。

梨梨的學校與住家之間有點距離，每天接送上下學必須搭地鐵外加步行，搞得母女倆相當疲累。我苦思了好幾天該如何破解這個問題，最後我決定騎車接送她上下課。

在巴黎騎單車是一件很舒服的享受，許多街道設有單車的專用車道及紅綠燈，不用與汽車搏命追追追；公車的喇叭聲好比志玲姊姊的甜美，只怕沒有聽見，不擔心被嚇到閃腰魂飛。更要感謝谷歌大神的單車路線規劃，在異鄉若是沒有它，絕對比丟了護照還可怕。

每到上下班的時段，巴黎街頭便湧出一群時髦的單車騎士們，各奔花都的四方。在冬季來臨之前，騎單車通勤是巴黎人的小確幸。我非常開心自己作了一個如此睿智的決定，既環保又省

錢，還能夠順便健身練俏臀。

　　尤其當梨梨小姐初次坐上單車之後竟開心地哼起歌來，為人母不禁覺得自己好棒棒，有了鐵馬不再鐵腿，女兒投以滿滿愛慕的眼光，巴黎美景盡收眼底。瞬間，我的自信心滿到破表，惱人問題解除，一盤小菜！

　　然而這樣飄飄然的愉悅只維持了一天，不，是一個晚上。

　　週一早晨，騎車送梨梨小姐上學，單車椅墊太高，使得車子平衡不穩，卻苦無工具可以調整。原本出門時還樂淘淘的她，抵達校門口之後堅持不下車，要我繼續騎（請問是要騎到哪裡？）。進入校門之後，她鬧起了脾氣，唏哩嘩啦地哭成孟姜女。入學兩週從來沒有哭過的她，倔強好強，竟然為了不能繼續

逍遙乘風這件事，給我來一招威猛的磨心記。

下課趕緊衝去接她，腦海裡掛念著她小臉淚兩行的模樣，卻一舉被大樓管理員和附近的婆媽給攔下。他們一個講法文、一個講英文，一個當惡婆娘，一個當和事佬，對我這個外國人曉以大義了一番。

「是妳把車停放在摩托車停車格嗎？」法國大嬸一手扠著腰，一手比向停車場的地方。

「對，是我。」

「她只會說一點法文，但她會說英文。」管理員先生有和我聊過天，大概知道我的一些狀況，好心地幫忙解釋。

「妳不知道單車要停在專用的停車間嗎？」大嬸堅持講法

文，也仍舊扠著腰，表情相當生氣。

「抱歉，我不知道，請問在哪裡？」

「我等一下再告訴妳，妳有鑰匙嗎？」管理員明顯地想要將對話盡快結束，他對我使了一個眼色。

「我不知道我有沒有，房東給了我一串鑰匙，但我真的必須去接小孩了，她今天哭得很慘。」我從包包裡拿出鑰匙，晃了一下，努力用法文解釋，但最後一句我不知道怎麼講，只好說英文。

「妳不知道單車不能停在摩托車格嗎？妳是幾號幾樓的？房東是誰？」大嬸跳針了，我當作她在教學法文以及法國文化精粹：抱怨的藝術。

「對不起，我不知道不可以停。」我只好當作我在傳授她儒家思想，忍是一種美德。

「妳沒有看到公告嗎？」大嬸繼續問，她的腰一定很痠，才必須一直用手扠著。

「如果妳沒有鑰匙的話，我看看有沒有多的可以給妳一把。」管理員人真的超好，他身上必定流著臺灣鄉親的血液。

我看了一下時間，想起梨梨早上哭得天崩地裂，一顆心又揪了起來。

「抱歉兩位，我不知道不能停，但我真的必須走了，等下回來跟你拿鑰匙喔。」話一說完我即刻開溜，先不管這些那些。

然而我每次的擔心都是多餘，但卻總是學不到教訓，明知道小孩的情緒說風就是雨，下一秒又即時放晴，依然認真不已。踏

入校園裡，遠遠望見梨梨小姐忙著和她的小哥哥牽手看風景，滿臉笑意。早上明明吵著不想上學，下課又吵著不想回家！

拖拖拉拉老半天，一回到家又看到管理員和大嬸，他們借了我一把鑰匙，規定我在幾個鐘頭之內必須備份好歸還。

「谷歌」了附近的鑰匙店，騎到店門口發現沒開。洩氣地回到家，這一天好長，正準備停放單車，停車間的門卻因為不好推開，竟然整扇門卡住了，進不去也出不來。如同我在巴黎的生活一般。

這些都是生活裡很瑣碎的小事，小到拿來記錄成文章都覺得索然，但卻是生活在巴黎每天必須克服的大小課題。遇到卡關時，難免會感到洩氣，但克服的時候又不禁覺得游刃有餘。

人生大概就是這麼一回事吧？不管去到哪裡，重新又活了幾次，任何事在摸索的過程當中，總是有一點力不從心，充滿許多的焦急和不安，令人亂了頭緒。

每當這個時候，我總會想起電影《海底總動員2》裡的一句話：如果是多莉會怎麼做？

如果是我，我會怎麼做？

對！不是現在該怎麼做才好？

而是，如果是我，我會怎麼做？

這句話彷彿有著神奇魔力，令人不再聚焦於問題點上，而是回神到自己的直覺，生存本能的直覺。電影裡多莉患有短暫失憶症，但她總是將自己的缺陷化成動力，遇到瓶頸時，努力向前游就對了。

深呼吸一口氣，帶著梨梨小姐衝到管理室，協商鑰匙再借一天。今早送完她上學，再次前往鑰匙店，仍舊沒開門。去銀行的路上，我決定直接向行員詢問附近有沒有鑰匙店；後來又去了手機行辦事，再度跟手機銷售員詢問。

實在問不出個所以然，用谷歌地圖來碰碰運氣，輸入鑰匙的法文來搜尋，地圖上出現了一個紅點，不管三七二十一就衝了。剛好途中經過了一間單車店，順便把椅墊給調整了高度，又問了店員附近有沒有打鑰匙店。

幾經波折，為了區區一把鑰匙，但終究也還是打好了。當我走出鑰匙店，駐足在單車的前面，低頭看著手中那把在陽光下閃爍著光芒的鑰匙，我決定將永遠收藏它。

它是我人生裡的一枚勳章，我的寶可夢。

↙ 巴黎生活

　　巴黎是一個生存競爭激烈的地方，個人主義在巴黎人身上更是發揚光大。在巴黎旅遊是件浪漫又愉快的事，但是要在這裡生活或是工作，你必須擁有一顆很強壯的心臟，要懂得為自己爭取權益或發聲。

　　我從來沒有想過自己有一天會在巴黎居住或生活，這從來不是我人生裡的計畫。但人生往往都不是自己說了就算，因緣際會之下，我在巴黎的旅程當中接觸到法國的有機（organic）生活，帶給我相當多的感動和感觸。於是經過一番思考之後，我決定投入有機生活用品的代理進口事業，創業初期必須經常往返巴黎，而由於在巴黎成立商務辦事處的那一段期間，必須停留較長的時間，我決定帶著梨梨醬一同在巴黎生活，希望同時能兼顧好育兒和事業，離開舒適圈，與梨梨醬一同成長。

　　很多朋友都用羨慕的口吻對我說：「好好喔～住在巴黎。」但其實曾經在異鄉打拚奮鬥過的人都知道，一開始到了新的環境，現實絕對不如想像中的甜美。

　　在臺灣居住多年，也曾經旅居東京，我一直以為自己的適應能力還算不錯，但沒想到巴黎這個地方完全推翻了我過去以來的生存模式。由於文化的差異，經常有些事情會讓我覺得不可思議，甚至感到匪夷所思。

　　我在巴黎要準備公寓退租時就曾經見識過。

　　當時我跟房屋仲介約好退房時間，到了退房當天因為天候

不佳，始終叫不到計程車，最後決定改搭地鐵。我趕緊簡訊通知房仲將會遲到十五分鐘，請他務必稍等一下。但是當我抵達公寓的大門，卻沒有發現他的蹤影，原來這位大哥已經拍拍屁股走人了。由於我隔天必須搭機離開法國，無法改約其他的面交屋時間，趕緊打電話請他回來，務必請他今天與我確認屋況、交回鑰匙，退回我當初預付的兩個月押金。沒想到電話才撥通，卻反被對方狠狠斥責了一番：「我沒辦法再過去！是妳晚到，不是我的問題，妳把鑰匙直接放進信箱裡就對了。」

「那我的押金呢？合約上載明你們必須退給我現金。」我拉高了音調。

「我會再匯給妳。」他的口氣非常理直氣壯。

「你連十五分鐘都不願意等，何況我有先通知你，我怎麼相信你真的會匯款給我？房子沒有當面確認，鑰匙不可能給你。」我也相當地堅持。

「那是妳家的事！」

「你說什麼?我付給你們這麼多的仲介費,這就是你們的服務嗎?」

「小姐!妳搞清楚好嗎?今天是星期天!妳要嘛就是把鑰匙放信箱,不然就是改班機,明天親自來一趟我們的辦公室退租。」

當我正準備要繼續跟他爭論時,他竟然直接把電話給掛掉了,之後任憑我怎麼打過去,他都不願意接。而這不是我在巴黎時遇到的第一椿類似情況,在我工作的過程當中,也經常遇到一些非常不客氣或不合理的狀況,逼得我必須一次次「硬」起來,維護自己的權利。

什麼都要據理力爭的強勢,與我們從小被灌輸凡事以和為貴的儒家思鄉,有著極大的差異。再加上法國人的隨心所欲,一切照著自己的心情走,沒有所謂的規則可循,這讓凡事一板一眼的日本人感到無所適從,所以日本人到了巴黎經常有所謂的「巴黎憂鬱症」。這也讓剛到巴黎頭幾個月的我,經常覺得疲累又難熬。再加上法文還不夠精進又是身處於陌生的國度,沒有家人和朋友的依靠,好幾次在外面受了氣時把個性硬起來,回家後卻還是忍不住默默掉淚。

儘管我極不願意把情緒帶回家裡,並且想

在孩子的面前當個樂觀又開朗的媽媽，但是初到巴黎生活的那
段期間，好幾次掩飾不住低落的情緒。

　　梨梨醬從來沒有看過媽媽難過沮喪的模樣，我也沒有料想到
她看見我悶悶不樂時，竟然會想盡辦法逗我開心。

　　「媽媽，妳笑一個呀！」

　　當我對著她擠出笑容時，眼眶卻忍不住濕了，她就看著我的
眼睛說：「妳不要哭呀！妳是我的寶貝呀！」

　　然後拿出她喜歡的玩具說要借我玩，用小朋友的方式來安
慰我。

　　那一刻，我真的好感謝上帝給了我一個這麼棒的小寶貝！還

好身邊有她，真的給了我很大的動力和慰藉。

為自己泡杯熱牛奶、去泡個熱水澡，整理一下情緒，這時她還會偷偷溜進浴室來看看我。「妳還好嗎？有在好好說話嗎？」

很怕她聽見我仍然哽咽的聲音，只好笑著點點頭要她放心。

小孩子其實是非常敏感的，能夠感受到大人的情緒和氛圍，她表現得懂事又貼心，一點也不像在臺北處處要人哄的小公主。確實也因為我來法國是要找商品、談代理，有好多繁瑣的事務要處理，真的沒辦法把她當小寶寶照顧，必須訓練她獨立，相對地也讓她在短時間之內成長獨立許多。

在臺北時她看見的我永遠都是笑咪咪的，我不會讓她感受到我的情緒，但是在這裡，只有我跟她朝夕相處，根本無法掩飾。讓孩子理解父母的心情和立場，也是一門功課。

現在每當我要出門工作時，她就會很有元氣地跟我說：「媽媽，加油喔！」

我知道梨梨醬懂得媽媽的辛苦，也永遠會在背後為我加油。

我想讓她知道，媽媽不是萬能的，也不是完美的，經歷挫折時也會感到難過，但是還是很堅強地去面對、去解決。希望在她小小的心裡映現出的是很努力、很勇敢的媽媽，足以成為她的榜樣。

LO VE 做自己才是好媽媽

十八歲那年，我為自己辦了人生第一本護照，偷偷溜去英國自助旅行，這是我送給自己的十八歲生日禮物。

為什麼要偷偷溜去呢？只因為我有一個管教極為嚴厲的老爸，平時很少讓我出門和同學聚會，除了學校就是家裡，更不用說讓我一個人出國冒險。

為此我經常和老爸爭執，然而他的結論總是扔下一句話：「等妳十八歲！十八歲之後我就不再管妳！」

所以我一直等，一直等，等到成年的那一天，等到我可以奔向這個好大好廣的世界。我不算是一個很會讀書的孩子，但對於各種語言特別有興趣，學習語言對我來說，彷彿是一把充滿魔法的鑰匙，能夠為我開啟世界上一扇扇不同文化的大門。因此我小時候總是幻想長大後能當一位旅遊作家，期許自己能夠像作者三毛，在撒哈拉沙漠裡奔馳的同時，將所有體驗轉化成文字。

好想去沙漠喔～但對於一個未曾出過國的十八歲少女來說，這根本是不可能的挑戰。於是每當我讀到徐志摩的〈再別康橋〉時，英國就成了我另外一個嚮往的國度，在心裡悄悄計畫著一定要親眼瞧一瞧徐志摩筆下的康橋。

一滿十八歲，辦好了護照，訂好了機票，口袋裝著一些在餐廳裡打工端盤子存下的旅費，再加上老爸的信用卡副卡一張，一

場家庭風暴即將來襲！我跟老爸說了一個非常不可原諒而且極度誇張的理由：為了慶祝高中順利畢業，要跟同學去墾丁參加三天兩夜的救國團活動。

先斬後奏來到了英國，到了第三天原本該回家的時間，我發了一封傳真報備：

「親愛的爸爸：我在海德公園，機票已訂好無法改期，過兩週就會回家了。」

接著馬上收到爸爸回傳三個字：「妳‧渾‧球！」

這是我人生第一次的冒險行動，也是對爸爸唯一一次的叛逆。

然而那一次的冒險，卻扭轉了我之後的人生。

如今雖然當了媽媽，生活形態有了極大的轉變。但是當年那個拿了護照和行囊就飛到地球另一端的我，依然存在著。我還是我，這一點不會因為多了媽媽這個角色就消失。

不久前，我才跟一位同樣是人母的好姊妹聚會，她在生了孩子之後就完全不再打扮，當天我們拍了一張紀念的合照，她看著照片嘆了一口氣說：「唉，我怎麼已經變得跟我媽一模

一樣！」

　　我想這不是她個人的特例，有許多女性一當了媽媽就馬上被切換成媽媽模式，再也不是原來的自己了。

　　這一點，我從法國女性身上看到截然不同的態度。同樣身為母親，法國的媽媽們多半都會將自己的狀態保持得不錯，因為文化和教育理念的不同，她們把小孩訓練得非常獨立，一來是為了讓孩子學會自理，二來是不讓自己的人生被孩子綁住。當小孩變得獨立時，大人也更有獨立的時間和空間做自己的事情，這對親子雙方都是好事。

　　法國媽媽多半仍保有自己的魅力，她們既成熟又有智慧，而且非常性感。在法國街頭時常可以見到媽媽們聚在一起喝咖啡聊天，聊的話題也絕對不只是小孩和老公，而是哪個新出的保養品很不錯，哪個品牌今年又出了什麼新品，或是哪個藝廊在展出什麼畫作。她們重視自我的興趣和熱情，孩子不全然是生活的軸心。

　　亞洲父母被期待要為孩子犧牲奉獻，相對的孩子也對爸媽有很多期待，大家都想要

做好媽媽，有很多社群在教人家如何當一個「盡職的好媽媽」，要當個稱職的媽媽，似乎永遠都有各式各樣不同的標竿準則。甚至有好多女人一旦當了媽媽，好像就失去了自己的名字，成了「某某媽」（坦白說，我很不喜歡被叫「梨梨媽」）。

法國父母的觀念就不一樣，他們不會讓小孩認為父母就應該為他們做些什麼，就算有了孩子還是很重視夫妻仍必須有約會的時間。我身邊有許多朋友，他們都是先讓小孩吃完晚餐，八點一到就把孩子送上床睡覺，然後夫妻倆再好好享受他們的晚餐時光。他們還是會安排屬於自己的生活，孩子只是生活的一部分罷了。

這是我所喜歡的生活方式，我一直認為當了媽媽，只是在自己的人生裡多了親子互動的滋養，但不表示身為女人的角色就不再給予養分，任由妳的女人味和性感漸漸枯萎。

當了媽媽就失去自己，這或許就是很多女生變得不快樂的原因，因為把老公放太大，把孩子放太大，卻把自己放得太小了。

法國媽媽很捨得把錢花在自己身上，我在

巴黎看見滿街都是賣內衣的精品店，品牌和款式多到讓人目不暇給。

我問法國朋友，還會穿性感內衣給老公看嗎？卻引來一陣笑聲：「當然是穿給自己看啊！」

她很喜歡在忙碌一天後，為自己倒一杯紅酒，穿上漂亮的內衣站在鏡子前面，好好欣賞自己。

「哇！我還是一個很有魅力的女人啊！」

難怪法國媽媽都那麼有魅力，她們認為當媽媽只是讓自己更成熟、有智慧和自信。

我就送了一套美麗的內衣給那位覺得自己越來越像媽媽的好友，她收到時還沒好氣地說：「我現在一身贅肉，哪敢穿給老公看啊？」

「給誰看啊？給妳自己看，提醒一下自己妳還是可以很美，很性感的。」我把法國朋友的故事告訴她。

我覺得那就好像一種儀式，我時常也會為自己完成一些心情的儀式，不是用紅酒，而是用香氛來寵愛自己。

每天都一定要有一些時間留給自己，為自己而活是很重要的。我不希望我的孩子活在別

人的眼光裡，我就必須先不要活在別人的眼光裡。我是一個怎樣的女人，不是我老公和孩子怎麼看我，更不會是我朋友怎麼看待我，而是我站在鏡子前面，如何看待自己！

與其讓孩子影響我們的生活，還不如讓我們來影響孩子。

有小孩的家庭，電視幾乎整天都停在幼幼臺，但是家裡的電視遙控器怎麼會是小孩決定呢？在車上重播二十遍《冰雪奇緣》的主題曲，或是孩子喜歡的歌曲，這樣似乎只會讓孩子的世界變得更狹隘。我會告訴梨梨醬，我們一人輪流聽一次喜歡的歌曲，互相交流彼此的喜好，她不但可以接受，還會告訴我她覺得好不好聽。

這就是在改變跟孩子的關係，妳會發現他們其實也很樂於分享妳喜歡的東西。

有了梨梨之後，我還是保持著看書的習慣，當她要打斷我時，便會請她自己也去找本她的書來看，因為媽媽真的很想好好把書看完。每天晚上我也會讓她挑兩本書唸給她聽，這是很棒的時光，不僅僅是培養她看書的習慣，也趁機灌輸她一些觀念和語言表達能力。

當了媽媽之後，讓我的生命更豐富，孩子帶給我很大動力，讓我想成為更棒的人。我一直覺得，父母無法把孩子捏成你要的樣子，因為孩子從來就不是你的附屬品，但是你可以活出你期望的樣子，成為他的一面鏡子，以身作則就是對孩子最好的教育。

✎ 後記 ✦✦

　　我很幸運，我有三個媽媽。

　　兩歲的那一年，我的生母離開了我改嫁給別人。直到現在，我只有見過她一次。我們的生活沒有交集、沒有回憶。她是我的第一個媽媽，一位陌生的母親，也是把我帶到這個世上最重要的人。

　　從那之後，我的奶奶開始肩負照顧我的角色。她餵我吃飯、教我說話、帶我上學、看我成長。從四川逃難來臺的她，堅毅地照顧著一大群孩子，甚至孫子。我們天天睡在同一張床上，

✦✦ MY DEAR FAMILY

我喜歡摟著她，跟她撒嬌。我不聽話時她拿棍子揍我，我生病時她在床邊替我擦澡換冰枕。她煮的便當，是我走遍世界各地也尋覓不到的美味。她是我第二個母親，影響我人生最重要的一個人。我在她身上得到了無私的付出與關愛，她也是我成為母親之後潛意識裡模仿的身影。

小學三年級那年，爸爸再婚，我有了後母，也終於擁有了一位能喊媽媽的對象。因為爸爸常年在海外經商，獨自理家的她，是我見過最獨立、最堅強也是最溫柔的女性。我和她相處的時間，基本上比和爸爸還長。她是唯一當我難過傷心時能夠無話不說的對象。她總是支持我的每個決定，她總是聆聽，總是在我最需要幫助時，不離不棄地陪在我身旁。她是我第三個母親，是我心靈和生活上最大的依靠，也是我最親摯的閨蜜。她的愛，擁有無窮的力量。

如今我成為了母親，深刻體認到我的三位母親有多麼偉大和辛苦。她們是如此勇敢堅強，面對人生裡各種苦難，展現了極大的韌性和柔軟。今天很開心可以和兩位媽媽一起慶祝母親節，尤其奶奶已經高齡九十二歲仍然硬朗。

我真的很愛妳們，沒有妳們，我永遠不會知道該如何當個媽媽。

而我的第一位媽媽，女兒也祝福您母親節快樂！雖然我不知道您看不看得到，但我很感謝您忍受了懷孕的辛苦和生產的陣痛，把我帶到這個世界上。我不曾責備過您的離開，更無謂原諒

與否。只希望您也過得平安喜樂，我還是會時常掛念著您，而我深信您也一樣。

也謝謝梨梨醬，讓我成為母親，體會到這輩子最美好也最不容易的一個角色。我會努力繼續傳承著三位母親的偉大，任勞任怨地做妳的老媽，以後的母親節麻煩也效仿我，大餐禮物加鮮花，不得討價還價。

母親節是一個充滿愛與感恩的日子，母親像月亮又似太陽，不分日夜關愛著我們。向全天下的母親們深深一鞠躬，一個大擁抱，祝福您們天天快樂、天天幸福。

於 2016/5/8 母親節

國家圖書館出版品預行編目資料

艾莉絲×梨梨醬的法國教養日記 / 艾莉絲著.
-- 初版. -- 臺北市:平安文化, 2016.11
面;公分. --(平安叢書;第541種)(親愛關係;19)

ISBN 978-986-93608-6-9(平裝)

1.旅遊 2.親子 3.法國

742.89   105020184

平安叢書第541種
親愛關係 19

艾莉絲×梨梨醬的
法國教養日記

作　　者—艾莉絲
發 行 人—平雲
出版發行—平安文化有限公司
　　　　　台北市敦化北路120巷50號
　　　　　電話◎02-27168888
　　　　　郵撥帳號◎18420815號
　　　　　皇冠出版社(香港)有限公司
　　　　　香港上環文咸東街50號寶恒商業中心
　　　　　23樓2301-3室
　　　　　電話◎2529-1778　傳真◎2527-0904
總 編 輯—龔橞甄
責任主編—蔡承歡
美術設計—嚴昱琳
著作完成日期—2016年9月
初版一刷日期—2016年11月

法律顧問—王惠光律師
有著作權・翻印必究
如有破損或裝訂錯誤,請寄回本社更換
讀者服務傳真專線◎02-27150507
電腦編號◎525019
ISBN◎978-986-93608-6-9
Printed in Taiwan
本書定價◎新台幣320元/港幣107元

●皇冠讀樂網:www.crown.com.tw
●皇冠Facebook:www.facebook.com/crownbook
●小王子的編輯夢:crownbook.pixnet.net/blog